国家社科基金重大项目
"全面二孩政策下城市地区0—3岁婴幼儿托育服务体系研究"
（项目批准号：17ZDA123）

Developmentally Appropriate Practice
Focus on Infants and Toddlers

0—3岁婴幼儿发展适宜性实践

［美］Carol Copple，Sue Bredekamp，Derry Koralek，Kathy Charner／编著

洪秀敏　宋　佳　赵思婕　王靖渊／译

中国轻工业出版社

图书在版编目(CIP)数据

0—3岁婴幼儿发展适宜性实践/(美)卡罗尔·科普尔(Carol Copple)等编著;洪秀敏等译. —北京:中国轻工业出版社,2020.8(2024.1重印)

ISBN 978-7-5184-2875-5

Ⅰ.①0… Ⅱ.①卡… ②洪… Ⅲ.①婴幼儿-早期教育 Ⅳ.①G61

中国版本图书馆CIP数据核字(2020)第029607号

版权声明

Developmentally Appropriate Practice: Focus on Infants and Toddlers.

Copyright © 2013 by the National Association for the Education of Young Children. All rights reserved. Printed in the United States of America.

> 保留所有权利。非经中国轻工业出版社"万千教育"书面授权,任何人不得以任何方式(包括但不限于电子、机械、手工或其他尚未被发明或应用的技术手段)复印、拍照、扫描、录音、朗读、存储、发表本书中任何部分或本书全部内容,以及其他附带的所有资料(包括但不限于光盘、音频、视频等)。中国轻工业出版社"万千教育"未授权任何机构提供源自本书内容的电子文件阅览、收听或下载服务。如有此类非法行为,查实必究。

责任编辑:王慧超 张天怡　　责任终审:杜文勇
策划编辑:高 君　　　　　　责任校对:刘志颖　　责任监印:吴维斌

出版发行:中国轻工业出版社(北京鲁谷东街5号,邮编:100040)

印　　刷:三河市鑫金马印装有限公司

经　　销:各地新华书店

版　　次:2024年1月第1版第3次印刷

开　　本:710×1000　1/16　印张:12.5

字　　数:118千字

书　　号:ISBN 978-7-5184-2875-5　定价:45.00元

读者热线:010-65181109

发行电话:010-85119832　010-85119912

网　　址:http://www.chlip.com.cn　http://www.wqedu.com

电子信箱:1012305542@qq.com

如发现图书残缺请与我社联系调换

232182Y1C103ZYW

译者序

0—3岁是生命的起点，是个体发展的开端，是教育启蒙的基础阶段和关键时期，把握生命的"黄金1000天"对儿童后续发展具有极其深远的影响。正如意大利早期儿童教育家玛利亚·蒙台梭利所说，"人出生后头3年的发展，在其程度和重要性上，超过人整个一生中的任何阶段……如果从生命的变化、生命的适应和对外界的征服，以及所取得的成就来看，人的功能在这一阶段实际上比3岁以后直到死亡的各个阶段的总和还要大，从这一点上来讲，我们可以把这3年看作人的一生。儿童是人生的另一极"。我国著名儿童教育家陈鹤琴也提出，"幼稚期是人生最重要的一个时期，什么习惯、言语、技能、思想、态度、情绪都要在此时期打下一个基础，若基础打得不稳固，那健全的人格就不容易建造了"。随着社会和科学的不断发展，早期教育的重要意义正逐渐受到大众关注，而0—3岁儿童的早期发展与教育也已成为世界学前教育发展的重要趋势。

然而，长期以来，由于教育资源严重短缺，我国托育服务发展不充分、供给不足等问题较为突出，远远无法满足儿童早期照护服务和教育的需要。随着全面二孩政策的施行，我国婴幼儿照护和儿童早期教育服务的需求日益增长，民众对于婴幼儿照护质量也有了更高的期待和要求，供需矛盾日益凸显。不少0—3岁孩子由父母、爷爷、奶奶、姥姥、姥爷和保姆看护，这些看护者没有受过基本培训，凭借自己的经验带孩子，对孩子各个成长阶段的特点不够了解，也谈不上有目的地指导和训练，难以提供适宜婴幼儿发展的高质量环境与条件。同时，由祖辈照顾新生儿虽然能减轻年轻夫妻的压力，但仍存在老人身心过度劳累、发生代际冲突等现实难题。

近年来，为解决这一社会矛盾，党中央和国务院高度重视3岁以下婴幼儿照护服务事业发展，出台了一系列政策并实施了多项举措。2017年，党的十九大报告提出必须取得"新进展"的七项民生要求，将"幼有所育"排在首位，强调"努力让每个孩子都能享有公平而有质量的教育"。2019年，"要加快发展多种形式的婴幼儿照护服务，支持社会力量兴办托育服务机构"被写进政府工作报告，国务院办公厅印发《关于促进3岁以下婴幼儿照护服务发展的指导意见》，明确要"建立完善促进婴幼儿照护服务发展的政策法规体系、标准规范体系和服务供给体系"，"多种形式开展婴幼儿照护服务，逐步满足人民群众对婴幼儿照护服务的需求"。同年，《托育机构设置标准（试行）》《托育机构管理规范（试行）》《支持社会力量发展普惠托育服务专项行动实施方案（试行）》相继出台，在党中央的积极支持、大力倡导与规范管理下，各地陆续颁布《关于促进3岁以下婴幼儿照护服务发展的实施意见》。国家理念的转变以及一系列配套政策的实施，为新时期托育事业发展奠定了良好的基础，在国家重视、各地积极探索下，我国托育事业迎来了发展的新机遇。

"幼有所育"不仅是公平概念，更是质量概念。事实证明，照护质量能够直接影响0—3岁婴幼儿当前及其后续的身心健康发展，接受过高质量保育与教育的婴幼儿会具备更好的行为表现和发展成就。为了保障和提高婴幼儿早期教育与发展质量，很多国家都已经展开探索并取得了如美国"发展适宜性实践"等一系列有益经验，而这也将是我国亟须面对的现实问题和婴幼儿照护服务未来发展的重要方向。3岁以下婴幼儿照护服务是生命全周期服务管理的重要内容，事关婴幼儿健康成长，事关广大家庭和谐幸福，也事关经济社会的持续发展。在托育事业快速发展的新时代，如何加快提高婴幼儿托育服务的质量，特别是构建适宜婴幼儿发展的环境、提升婴幼儿照护者的科学照护和保教水平成为新时代学前教育改革发展面临的现实课题，也是补齐民生短板、实现"幼有所育"的重要议题。

2017年，课题组获批承担国家社科基金重大项目"全面二孩政策下城市地区0—3岁婴幼儿托育服务体系研究（项目批准号：17ZDA123）"，致力于广泛收集、整理与分析世界各国发展婴幼儿照护和托育服务的有益探索与经验。其中，美国幼儿教育协会卡罗尔·科普尔（Carol Copple）等人编写的《0—3岁婴幼儿发展适宜性实践》（*Developmentally Appropriate Practice: Focus on Infants and Toddlers*）引起了课题组的兴趣。"发展适宜性"（developmentally appropriate practice，DAP）是由美国幼儿教育协会于1986年提出的概念，由该协会提倡的关于适宜婴幼儿发展的一系列核心观念与重要原则组成，现已成为美国几乎所有早期教育项目的教育实践指南，并受到世界范围内早期教育领域的重视。该书聚焦3岁以下婴幼儿这一特殊群体，从理论和实践层面全方位地对面向该阶段儿童的发展适宜性实践进行了详细讲解，主要包括六个章节。第一章解释和探讨了发展适宜性实践的概念与内涵，介绍了其涵盖的核心观念和基本原则，旨在使读者对发展适宜性实践产生基本的认识。第二章阐述了教师应当如何在课程计划与目标制定、课程教学、师生互动和课程评估等过程中实施发展适宜性实践，旨在对教师应用发展适宜性实践的重要原则进行明确。第三章主要从生理和心理两个角度介绍了0—3岁婴幼儿的发展特点与规律，帮助读者了解婴幼儿发展的相关知识，从而为有针对性的发展适宜性照护提供参考和指导。第四章分领域呈现了面向婴儿和学步儿的教育实践中符合发展适宜性原则的正面案例和不符的反面案例，针对每一领域给出了细致的说明和解释。第五章以问答的形式回应了教师管理者、家长和政策制定者关于发展适宜性实践的各种问题，以促进不同的早期教育工作者之间的进一步对话。第六章由节选自《幼儿》（*Young Children*）杂志的九篇优秀文章汇编而成，详细分析了在婴幼儿照护的不同场景中应用发展适宜性实践的具体案例，旨在为广大照护者提供更具操作性的指导与支持。

相信这本书的翻译和出版能够为我国托育服务机构的婴幼儿照护者、早期儿童教育工作者、管理者和家长更好地理解婴幼儿的发展特点，并为他们提供更具发展适宜性的保育、教育技巧和相关课程理念，从而为促进所有3岁以下婴幼儿获得高质量的保育和教育提供有益的参考与直接的借鉴。因此，课题组将翻译该书作为课题组阶段性工作之一，在翻译过程中力图忠实原文，多次反复校对和修改各章，该书是集体合作和共同努力的结晶。全书由我组织翻译和审校，宋佳协助完成统稿工作。

感谢国家社科基金重大项目"全面二孩政策下城市地区0—3岁婴幼儿托育服务体系研究"的资助！感谢北京万千教育编辑部对本书的翻译出版所给予的大力支持！

时间仓促，希望广大关心和从事婴幼儿照护工作的专家、同行和读者不吝指正。

洪秀敏

2020年3月于北京师范大学

前　言

儿童是天生的学习者，尽管出生时存在个体差异，但大多数人都带着无法抑制的渴望和好奇心去探索世界。与人生其他阶段相比，童年早期是一个充满无限可能的时期。大多数早期教育工作者热情工作，因为他们每天都有机会分享孩子们获得发现后的兴奋。我们之所以进入并留在这个领域，是因为我们相信，我们的工作可以对儿童及其家庭的生活产生重大影响，从而为社会做出长远的贡献。

但是，我们不确定自己的工作能否在儿童的生活中发挥这种作用。儿童是天生的学习者，但要让他们真正地学习和发展，我们就需要为他们提供最高质量的保育和教育。"发展适宜性实践"一词被用来描述卓越的早期教育工作者所做的复杂而有意义的工作。

> 我们之所以进入并留在这个领域，是因为我们相信，我们的工作可以对儿童及其家庭的生活产生重大影响，从而为社会做出长远的贡献。

25年前，美国幼儿教育协会发表了第一份立场声明，定义和描述了服务于幼儿的发展适宜性实践。1986年的立场声明对此进行了扩充并以书籍的形式发布（Bredekamp，1986，1987）。发展适宜性并不是一个全新的概念，因为发展心理学家一个多世纪以来一直将它用于研究与年龄有关的人类个体的变化。然而，美国幼儿教育协会之所以继续详细地探讨这一概念，并给予教师更多的指导，是因为受到两个因素的驱动：一个是国家项目认证体系的启动，其认证标准更加清晰地阐述了早期教育的质量；另一个是幼儿园课程和教学小学化趋势日益加剧。

十年之后，美国幼儿教育协会（1996）重新审视了其关于发展适宜性实践的立场声明，以回应新知识的出现、环境的变化以及专业领域内外的批评之声。修订版的立场声明（Bredekamp & Copple，1997）反映的主要问题包括：教师是决策者；为儿童设立的目标既要具有挑战性又要具有可实现性；扩大发展适宜性实践的基本定义，将社会和文化背景纳入进来。接下来，为了更清楚地传达1996年版立场声明的观点，美国幼儿教育协会出版了《发展适宜性实践的基本要义：给3—6岁幼儿教师的手册》（*Basics of Developmentally Appropriate Practice：An Introduction for Teachers of Children 3 to 6*，Copple & Bredekamp，2006）。

本书所依据的最新立场声明主要受到两种力量的鞭策：一种是注入新知识来指导实践；另一种是早期教育项目的运营环境正在发生快速的变化，例如，公立学校的作用日益重要，人们对缩小学业成就差距日益重视。此外，2005年美国幼儿教育协会对《早期教育项目标准》（*Early Childhood Program Standards*）进行了重大修订，确定了高质量教育项目的要素。为了确保美国幼儿教育协会的这两个最具影响力的实践指南——《早期教育项目标准》和《发展适宜性实践立场声明》（*Position Statement on Developmentally Appropriate Practice*）具有一致性，我们也需要及时地重新审视立场声明。

本书强调了以下几个相互关联的主题。

卓越和公平。学业成就差距在人生早期就已经存在，它之所以会持续存在，并不是因为孩子们在学习方面能力不够，而是因为他们缺乏学习的机会。虽然目前对问责制和学习差距的强调导致某些教室里出现了不恰当的做法，并引发了早期教育工作者的担忧，但是儿童早期教育领域的从业者们长期以来一直都致力于改善所有儿童的生活。一个主要的例子就是开端计划。我们知道,卓越的早期教育可以发挥重要作用,因此我们不能止步于儿童早期经验的不公平,因为这种不公平将导致儿童学业上的失败,并给许多儿童带来终身的负面影响。

目的性和有效性。卓越的幼儿教师在针对教育实践做决定时是有目的性的,同时也关注这些决定的后果。当前,人们普遍认识到了早期教育的价值,国家对早期教育项目的资金投入也有所激增;所有这一切几乎都来自早期教育在给儿童带来积极的短期和长期结果方面的有效性。对儿童的学习和发展结果负责(只要它们是正确的结果),实际上证明了我们致力于促进所有儿童的发展。

> 我们不能止步于儿童早期经验的不公平,因为这种不公平将导致儿童学业上的失败,并给许多儿童带来终身的负面影响。

连续性和变化性。正如人的一生发展既有连续性又有变化性一样,任何旨在指导教育实践(恰恰反映了发展方面的知识)的文件也必须如此。因此,2009年的立场声明保留了我们这一领域的永恒价值,包括:致力于培养完整儿童;认识游戏的价值;尊重并回应儿童个体和文化的多样性;与家长建立伙伴关系。与此同时,它还对不断变化和扩大的有关有效实践的理论基础做出了回应,以实现早期教育的价值,改善课程、教学和评估。此外,该声明还要求早期教育领域的从业者们在倡导或批评实践(从游戏到结构化课程)时要更加准确和清晰。

快乐和学习。在根据新知识和不断变化的背景重新审视立场声明时,我们不断提醒自己牢记所有工作的核心价值:尽管早期保教工作的重点是帮助儿童长大后成为有用的、有责任感的成人,但是我们希望他们的童年充满欢乐。高质量的早期经验有助于儿童为日后做好准备,但是我

们也应该珍视童年自身的独特价值。我们有责任帮助儿童获得探索世界和理解世界的乐趣。童年早期应该是一个充满欢笑、爱、游戏和乐趣的时期。虽然我们认为"为了乐趣而设计项目"并不是一个充分的理由，但我们也坚定地认为，如果不关注儿童的快乐和兴趣，那么儿童就不能学习和健康地发展。

与此同时，我们也不应该忘记儿童在学习新东西、努力掌握一项新技能或解决一个具有挑战性的问题的过程中所获得的纯粹快乐。回想一下，小婴儿第一次抬起肢体时脸上露出的灿烂笑容，学前儿童第一次写出自己名字时的骄傲神情、第一次独立骑自行车时开心的样子，一年级小学生第一次读完一整本书时脸上的成就感，或者二年级小学生最终学会如何快速地加减二位数时的顿悟表情。人类努力学习，并在自我实现中感受到力量和喜悦。

最后，我们还要提醒大家记得早期教育领域为什么如此重视发展适宜性实践。看到孩子们快乐地、全身心地投入到有意义的学习活动中，了解周围的世界和世界上的万事万物，是衡量我们早期教育工作者最真实的标准。

正是通过发展适宜性实践，我们为儿童创设了一个滋养和支持他们的安全空间，让他们体验童年时期的独特快乐。

> 我们有责任帮助儿童获得探索世界和理解世界的乐趣。童年早期应该是一个充满欢笑、爱、游戏和乐趣的时期。

目 录

第一章 什么是发展适宜性实践 // 1
    立场声明中的关键信息 // 2
    发展适宜性实践的核心问题 // 5
    儿童学习与发展的原则 // 6

第二章 成为卓越的教师 // 9
    在所有的方面都很卓越 // 11
    拓宽视野，看到更多 // 21

第三章 了解婴儿和学步儿的发展 // 29
    了解婴儿和学步儿 // 31
    儿童发展的相关知识 // 32
    促进儿童发展的理念与原则 // 33
    了解儿童出生后头三年的变化 // 35
    观察 0—3 岁婴幼儿的发展 // 37

第四章 发展适宜性案例 // 65
    婴儿 // 67
    学步儿 // 81

第五章　发展适宜性实践常见问题解答　// 99

第六章　《幼儿》杂志文章汇编　// 109

  高质量婴儿照护的关键：呵护每个宝宝的生命之旅　// 110

  仪式和常规：支持婴幼儿和他们的家庭　// 121

  增进与具有不同语言和文化背景的婴幼儿的相处　// 125

  了解"我们"的同时学习成为"我"：在集体环境中促进婴幼儿的亲社会性发展　// 140

  我们所说的阅读准备是什么意思　// 151

  使用玩具来支持婴幼儿的学习与发展　// 156

  为什么婴幼儿最喜欢盒子　// 165

  让我们乱起来——与婴幼儿一起探索艺术感知活动　// 168

  更多、全没了、空的、满的：数学每天都在以各种方式说话　// 182

参考文献　// 187

第一章

什么是发展适宜性实践

立场声明中的关键信息

美国幼儿教育协会关于发展适宜性实践的立场声明，反映了早期教育领域的持续性和变化性。不过，自从1996年该声明得以更新以来，保障儿童教育的卓越与公平以及理解儿童的学习与发展一直都是其核心。与此同时，过去二十年来，新知识的出现也进一步深化了我们对儿童学习与发展的理解，从而使我们修正和完善自己的想法，以促进每个儿童获得最佳的学习与发展。

什么是发展适宜性实践

- 发展适宜性实践要求既要满足儿童的当前需要——这意味着教师必须深入地了解儿童——又要帮助儿童实现具有挑战性和可实现性的目标。
- 所有的教学实践都应符合儿童的年龄、发展现状，适合儿童个体，同时能够回应儿童所处的社会和文化环境。
- 发展适宜性实践并不意味着让一切变得更简单。相反，它意味着目标和经验要适合儿童的学习和发展水平，并具有一定的挑战性，从而激发儿童的兴趣并促使他们不断进步。
- 最佳的教学实践应该基于儿童学习与发展的相关知识而非假设。研究人员提出了人类学习与发展的主要原则（我们在立场声明中介绍了12个相关原则)。这些原则以及课程和教学有效性的实证研究，为早期保教决策的制定奠定了坚实的基础。

呼吁缩小学业成就差距

- 在美国，儿童的学习机会因家庭收入、父母受教育程度、种族和语言背景的不同而存在较大差异，这也导致了不同群体的儿童在学业成就上存在显著的差距。这些差距在儿童的生命早期就已经出现，并贯穿他们的整个学生生涯，进而给儿童和整个社会的发展带来严重的后果。因此，缩小学业成就差距是早期教育工作者和政策制定者必须优先考虑的事情。
- 早期教育项目要为弱势儿童提供足够多的学习机会和广泛、丰富的学习经验来帮助他们获得学业上的成功。越早提供这些经验，效果越好。此外，家长的参与、保健服务和心理健康支持也同样重要。

全面、有效的课程

- 儿童学习与发展的各个领域之间密切相关。例如，儿童的社会性发展极大地影响着儿童的认知发展和学业能力，认知领域反过来也会对儿童的社会性发展产生影响。因此，教师必须促进儿童在这两个领域的学习与发展，同样也要促进儿童在情绪与身体这两个领域的学习与发展。
- 有效的发展适宜性课程必须建立在对儿童发展各领域之间关系的了解之上，这样才能保证儿童的能力和理解在原有基础上得到进一步发展。同时，每个儿童的学习速度和学习模式都有所不同。因此，卓越的教师必须考虑到所有这些因素。在对儿童满怀期待的同时，为其设定具有挑战性和可实现性的发展目标，并为每个

- 儿童提供适量且适合的支持。
- 儿童在童年早期（0—8岁）获得的学习经验应该是整合的和一致的。尤其幼儿园儿童和小学低年级儿童之间的学习经验，应该保持一致性。如果小学教师能够采纳幼儿园的一些做法（例如，关注儿童的整体发展、提供整合性的有意义的学习活动、邀请家长参与，等等），或者如果幼儿教师能够从小学的实践中选取一些对幼儿有价值的内容和做法（例如，课程内容全面化、关注儿童在课程与教学过程中取得的学习与进步），那么教育质量和教育结果都将会获得很大的改善。

优化教学

- 教师的行为及其与儿童之间的互动，是影响儿童学习与发展的最有力因素。课程非常重要，但教师的行为更为重要。
- 儿童自主活动和教师指导性活动对儿童的学习与发展都至关重要。发展适宜性项目为儿童提供了多个时间段，在这些时间段，儿童可以从教师提供的众多选择中自主挑选一个活动参与。
- 游戏非但没有因为占据儿童的学业活动时间而影响儿童的学习，反而促进了儿童的一些重要能力的发展，而这些能力可以保证儿童在学习上获得成功。例如，在高水平的戏剧游戏中，对角色和情节的共同规划以及游戏过程中对冲动的控制都可以促进儿童的自我调节能力、象征性思维、记忆和语言能力的发展。这些能力对儿童之后的学习、社交能力的发展和学业成功都至关重要。
- 受制于校外生活方式的影响，现在许多儿童缺乏高水平游戏的能力。高水平游戏的复杂性和参与性，有益于儿童在认知、社交和情绪上的发展。因此，让儿童持续参与高水平游戏以及教师在这一游戏中的积极支持，对儿童的发展来说至关重要。

- 卓越的教师能够有目的地使用多种方法和策略，以激发儿童在各学习领域的兴趣，并促进其能力的发展。除了将重要的学习内容融入游戏、常规和区域活动之外，他们还会提供精心设计的课程，以使儿童聚焦于特定的概念或主题。与此同时，他们还会根据班级儿童和个别儿童的情况来对课程进行调整，从而促进儿童实现最佳学习与发展。
- 为了能够为儿童提供高质量的保育和教育，教师必须做好充分的准备，积极参与专业发展活动，并获得相应的支持和足够的薪酬。

发展适宜性实践的核心问题

每天，早期教育工作者都要为儿童制订许多长期和短期的发展计划。在制订计划时，早期教育工作者需要牢记有关儿童学习与发展的明确目标，并有意识地帮助儿童实现这些目标。发展适宜性实践的核心就在于这种有意识性，在于早期教育工作者在制订计划时需要考虑相关的知识，在于他们要为儿童设定既具有挑战性又可以实现的目标。

- 了解儿童的学习与发展。了解每个年龄段和早期发展每个阶段儿童的典型特征非常重要，这有助于教师确定最适合儿童学习与发展的活动。
- 了解儿童的个体发展。教师对特定儿童的了解，有助于其更好地教育和照顾每个儿童。持续观察儿童的游戏以及儿童与物质环境和他人的互动，可以帮助教师了解每个儿童的兴趣、能力以及发展进程。
- 了解儿童的文化背景。教师必须了解儿童家庭的价值观、期待以及影响他们的家庭生活和社区生活的因素。了解这些背景信息可以帮助教师为每个儿童及其家庭提供有意义的、尊重他们的学习活动。

儿童学习与发展的原则

我们从研究和文献中了解的有关儿童学习与发展的知识，为发展适宜性实践提供了依据。尤其是对文献的回顾，帮助我们得到了许多已经被证实的原则。

没有任何一个线性的原则清单可以完整地论述儿童发展与学习的复杂性。下面这个清单节选自美国幼儿教育协会关于发展适宜性实践的立场声明，它很全面，但依旧不能包罗万象。每一条发展原则都解释了一个单独的影响因素；但是，正如儿童所有的发展和学习领域之间都密切相关一样，这些发展原则之间也是相互关联的。例如，专门有一条原则阐述文化和个体差异的影响，同时文化和个体差异又存在于所有的发展原则中，也就是说，每条原则的具体含义都因文化和个体的不同而存在差异。

本章内容并不是关于发展适宜性实践的知识基础的完整讨论，但其中每条原则的提出都以丰富的研究为基础。

尽管以下原则清单有一定的局限性，但是这些原则合起来为我们制定决策奠定了坚实的基础，包括如何满足一般儿童的需求、如何发挥个别儿童的优势、满足个别儿童的需求，毕竟这些儿童在已有经验、能力、天赋、母语、英语水平、个性、气质以及社区和文化背景方面存在着差异。

1. 学习与发展的所有领域都非常重要，如身体、社会性、情绪、认知等，并且彼此之间密切相关。儿童在一个领域的学习与发展影响其他领域的学习与发展，同时也受到其他领域的影响。

2. 儿童的学习与发展遵循一定的顺序，并建立在已有能力、技能和知识的基础上。

3. 不同儿童的学习与发展速度存在个体差异，同一儿童的不同领域的发展速度也存在差异。

4. 儿童的学习与发展是生理成熟与经验之间持续动态作用的结果。

5. 早期经验对儿童的学习与发展具有深远的影响，这种影响具有累积性和延迟性。同时，儿童的某一类型的学习与发展存在最佳期。

6. 儿童的发展日趋复杂，他们的自我调节能力、表征能力会随着时间的推移而提升。

7. 与能够积极做出回应的成人建立安全、稳定的关系，以及与同伴建立积极的合作关系，都有助于儿童实现最佳发展。

8. 儿童的学习与发展发生在一定的文化和社会背景中，也受文化和社会背景的影响。

9. 儿童的思维非常活跃，他们能够以多种方式了解周围的世界。适宜的教学策略和有效的互动有助于儿童的学习。

10. 游戏是儿童的自我调节能力、语言、认知和社会性发展的重要途径。

11. 为儿童提供跳一跳能战胜的挑战，并给予他们丰富的练习新技能的机会，以促进儿童的学习与发展。

12. 儿童的经验激发其学习，塑造其学习品质，如坚持性、主动性和灵活性；反之，这些学习品质与行为又会对其学习与发展产生影响。

第二章

成为卓越的教师

发展适宜性实践是成为卓越的早期教育专业人士的核心，也是本书的核心主题。发展适宜性实践立足于儿童学习与发展的相关研究以及教育有效性的相关知识。从这些知识中，我们可以了解到，不同年龄阶段的儿童是如何发展与学习的，以及什么样的条件和方法最适合他们。

这些知识是教师制定长期决策和短期决策的起点，例如，如何组织环境来帮助儿童实现最佳发展、如何规划课程来吸引儿童并帮助他们实现最重要的目标、如何调整教学策略来适应小组儿童和个别儿童等，这样的例子不胜枚举。但是，在"这个决策是否适合儿童发展"的问题上，答案总是这样开头的："这取决于……"也就是说，特定的教学实践或决策是否适合儿童发展（具有发展适宜性）取决于：它是为了哪个儿童或者哪些儿童？是为了哪个家庭？是在什么样的情况下，出于什么样的目的？

本章描述了卓越的教师在班级中如何将发展适宜性实践的框架转化为8岁以下儿童的高质量经验。

成为卓越的教师意味着要有目的

当你参观一间教室，看到孩子们在里面充满活力地学习时，你可以确定教师及该项目的管理者是高度有意识的。卓越的教师所做的每一件事——布置环境、设置个性化课程、制订学习计划、与儿童及其家人互动等，都有其想法和目的。在制定各种决策时，无论决策大小，教师都会牢记他们最终追寻的目标。即使在面对意想不到的教育机会时，有意识的教师也会依据项目为儿童设定的目标和他们自身对于儿童学习与发展的了解做出回应。

明确项目如何促进预期目标的实现，可以让教师的工作更加有意识和有效。学习目标通常是针对一定年龄范围内的儿童而设定的，因此教师必须依据儿童个体与目标之间的关系及时调整教学。例如，一些生活贫困的儿童会在词汇、数学和读写学习以及自我调节能力方面落后于同年龄段的儿童。针对这些儿童，卓越的教师、学校和项目能够为其提供更加持久、丰富且密集的学习机会，例如，增加小组活动、采取一对一的互动方式等，来帮助他们加快学习速度，追赶上其他孩子。

同样，在照顾残疾儿童和其他有特殊需要的儿童时，教师对个体差异的关注也非常重要。针对这类儿童的个别化计划除了要考虑儿童的年龄阶段目标外，还应针对儿童个体情况为其设定个性化的发展目标，并通过与家庭和专家的合作来促进目标的实现。在许多情况下，个别化计划需要教师进行更加系统的、有针对性的教学，以便这类儿童在融合的环境中好好学习。

有目的的教师因为心中有明确的目标和计划，所以能够及时告诉儿童的父母、管理者、同事他们在做什么。他们不仅知道该做什么，还知道为什么要这么做，并能够清楚地向他人解释。

在所有的方面都很卓越

卓越的教师会有意识地兼顾到自己职责的方方面面，有关发展适宜性实践的立场声明将这些方面确定为：创建充满关爱的学习者共同体；通过教学促进儿童的学习与发展；规划课程以实现重要的发展目标；评估儿童的发展与学习；与家长建立互惠的关系。

我们将教师职责的所有方面整合为一体，并使用五角星进行了阐释

（见图 2.1）。五角星上的每个角都代表教师和早期教育项目的一项重要工作内容，以促进儿童的学习与发展，帮助他们实现重要的发展目标。很明显，这五个方面密切相关，任何一个方面都不能缺少，否则将严重削弱整体的成效。

图 2.1

成为卓越的教师意味着建立充满关爱的学习者共同体

当儿童成为学习者共同体的一员时，他们能实现最佳的学习与发展，因为在这样的共同体内，所有的成员都能考虑到并促进彼此的健康和学习。卓越的教师应重视每个儿童及其家庭，努力了解每个儿童的个性、能力、兴趣和学习方法，致力于帮助儿童建立群体身份的强烈认同感，从而建立一个班级学习共同体。

为此，教师应想方设法引导儿童进行合作学习与游戏，努力把每个儿童的家庭文化和语言融入班级共同的文化中。同时，教师也应该把有特殊需要的儿童纳入进来，这样不仅可以促进这类儿童的发展，还可以帮助班级里的所有儿童意识到彼此之间的异同。接纳残疾儿童及其他有特殊需要的儿童,并不只是让他们出现在教室里,而是让他们成为班级学习共同体的积极参与者。

卓越的教师会把与每一个儿童建立温暖、积极的关系作为首要任务。这种关系对儿童各领域的学习与发展来说均至关重要,同时也使教师有可能给予儿童积极有效的指导。在儿童发展的早期阶段,教师的指导不应局限于帮助儿童学习课程内容,还应该促进儿童的自我调节、社交和情绪情感能力的发展。事实上,这些能力本身就是极其重要的课程目标,它们有助于儿童在今后的学业上获得成功(Hyson,2008;McClelland,Acock,& Morrison,2006),对儿童现在和未来的生活也有着极大的内在价值。

当教师帮助儿童学会如何在下次做出更适宜的决定时,这样的指导就是有效的。卓越的教师会把儿童之间的冲突和儿童的"不良行为"视为学习机会。所以,他们会仔细地倾听儿童的诉说,为儿童示范解决问题的方法,并耐心地提醒儿童遵守规则和为什么要遵守规则,这些都是富有成效的指导策略。充满关爱的学习者共同体能够为儿童提供一个良好的基础,并对他们今后的学习与生活产生深远的影响。

成为卓越的教师意味着通过教学促进儿童的学习与发展

卓越的教师通过运用自己的知识和判断力来决定哪些材料、活动和学习经验能够最有效地促进班级儿童的学习与发展。在早期教育的班级中,许多不同的教学方法和教学策略都有其价值和意义。

卓越的教师使用多种不同的教学策略

卓越的教师会依据特定的情境和教育意图选择具体的教学策略。他们会思考儿童的已有经验是什么、儿童能做什么以及具体的学习目标是什么。在教学过程中,他们可能会先尝试一种教学策略,发现它不起作用时，再尝试其他策略。卓越的教师会同时准备多种不同的教学策略，并灵活且敏锐地依据不同的情况选择相应的教学策略。以下策略可供参考：

- 认可儿童的言行。卓越的教师会通过给予积极的关注，让儿童知道教师已经注意到了他们的言行。例如，教师有时候会做出评论（"谢谢你的帮助，凯文！"），有时候只是坐在儿童身边观察他们。
- 鼓励儿童的坚持和努力，而不仅仅是表扬和评价他们做了什么。例如，"你试了很多次去够那个积木！"
- 给予具体的反馈，而不是笼统的回应。例如，"哎哟，你差一点儿就可以把沙包扔到筐里了。下次站得离筐近一点儿怎么样？"
- 向儿童示范正确的态度和待人处事的方法，而不是只告诉他们。例如，"这样行不通，我想知道为什么。你能帮我再试一次吗？谢谢！"
- 向儿童展示正确的做事方式。这一方法适用于需要按照一定方式完成的程序性活动，例如，"看，我用力地搓双手，搓得满手都是肥皂泡泡，然后再把它们冲洗掉！"
- 提高挑战难度。教师可以依据儿童的现有发展水平，适当提高挑战的难度。例如，当照护者*要求学步儿完成一步性任务时，例如，"把积木放在这个篮子里"，他可以通过增加步骤来提高难度，例如，"把积木放在这个篮子里，然后再把篮子放在架子上。"此外，教师还可以降低挑战的难度来适应儿童的发展。例如，"请递给我一块积木。"
- 通过提问来激发儿童思考。例如，"是什么发出了那样的声响？"
- 给予儿童帮助（例如，提示或者暗示），促进其能力的发展。例如，"这个球是什么颜色的？看，它的颜色和《大红狗克里弗》

---

* 在本书中，"照护者"一词是指在集体环境中负责直接照顾和教育婴幼儿的成人。——译者注

（*Clifford the Big Red Dog*）中大红狗的颜色一样。"
- 直接告诉儿童相关事物的名称，或提供其他事实性信息。例如，"这个有尾巴的动物叫老鼠。"
- 指导儿童的动作和行为，例如，"请把所有红色的积木放在这个篮子里。"

在以上教学策略中，有些更关注儿童的行为，有些则更关注教师的积极主动和指导。无论在任何一种情境中，教师都有可能同时运用到这两种策略。

虽然游戏在本质上是一种开放的、以儿童为导向的活动，但教师也可以在游戏中为儿童直接提供相关信息和词汇，向儿童提出挑战，以及通过其他方式促进儿童在游戏中学习。

以上策略在教育残疾儿童和其他有特殊需要的儿童时也同样有效。但是，针对这些儿童，教师可能需要通过提供更为系统的指导来帮助他们学习一项技能或者改正不良行为。例如，面对有挑战性行为的儿童，教师可以采取的策略就是识别挑战性行为发生的条件，以及其可能引发的后果。然后，努力防止挑战性行为发生并确保挑战性行为没有达到它的目的，例如，儿童的攻击性行为并没有促使小伙伴放弃玩具。同时，教师要及时捕捉这类儿童的适宜行为，当发现他们行为适宜时，要给予他们积极的关注和鼓励。

卓越的教师会鹰架儿童的学习

适宜的发展目标既具有一定的挑战性，又是可以实现的。最有效的学习活动建立在儿童已有的知识和能力基础上，同时能够引领儿童向新的成就水平迈进。

当然，儿童不能把所有的时间都花在"踮起脚尖"走路上。他们仍然需要大量的机会来练习刚刚掌握的技能。他们需要获得掌控感和实现目标后的成功感，而不是觉得自己一直在匆匆忙忙地接受挑战。婴幼儿经常在游戏中练习其刚刚掌握的技能，例如，一名学步儿会反复地把玩具装到桶里，再把它们倒出来。当婴幼儿熟练掌握了一项新技能或概念后，他们就为下一个阶段发展做好了准备。

当儿童面临新挑战时，他们可能需要教师提供一些支持来帮助他们应对这一挑战。经验丰富的教师不会过度地帮助儿童。他会给予儿童最少的帮助，从而支持他们独立完成任务。例如，如果为学步儿制定的目标是他们能够在不牵着教师的手的情况下独自走几步，那么教师就可以站在学步儿身边，只在他们有需要时给予一定的帮扶，以防其摔倒。相反，如果教师自始至终都握着学步儿的手，不管他们站不站得稳都不松开，那么学步儿就永远不可能自己学会保持平衡。

当儿童开始掌握了一项新技能或对事物有了新理解时，教师就可以逐渐减少对儿童的支持。这样用不了多久，曾经需要支持的儿童就能够独立使用新技能或者完成任务了。因为教师只在儿童有需要的时候提供帮助，所以他们的行为又被称为"脚手架"（scaffolding），就像油漆工粉刷房子时需要站在高高的脚手架上，当粉刷工作完成后，他们就会将这些脚手架拆除一样。例如，针对一个经常被其他小伙伴拒绝的学步儿，一开始教师可以直接指导他加入小伙伴的游戏（比如，叫他试着说："我想和你们一起玩"）。如果学步儿的这一友好提议成功了，那么他的这一行为就会因小伙伴的接纳而得到鼓舞。这时，教师就可以退出了。

卓越的教师会使用脚手架来帮助儿童在各个领域取得发展和进步。教师的脚手架有多种形式。他们可以问儿童问题，指出不一致之处，暗示儿童可能错过了一些重要信息或关键问题，给儿童提供一张照片或者表格作为提示，亲自带领儿童进行活动，或者给儿童寻找一位同伴，让他们发挥各自的优势共同取得成功。

成为卓越的教师意味着规划课程来实现重要的发展目标

课程既包含儿童所需要学习的知识和技能，也包含儿童学习赖以发生的活动。研究表明，在一个精心规划和实施的课程中，儿童可以学到更多（Bowman，Donovan，& Burns，2000；Landry，2008；Schweinhart，& Weikart，1997）。因此，所有早期教育项目都应该拥有一套高质量的课程文本，能够让教师和照护人员把它作为指南来设计和实施学习活动，这一点非常重要。同样很重要的是，教师和照护人员要能够调整课程计划和学习活动来帮助个别儿童取得进步，实现课程目标。此外，管理者、教师和家长等所有利益共同者必须对课程目标有清晰且一致的看法，这样才能保证课程的有效性（NAEYC & NAECS/SDE，2003）。

早期儿童课程开发的一个核心问题是：当我们与儿童共处时，我们对儿童设定了什么样的目标？换句话说，我们希望儿童学习哪些重要的内容和实现哪些能力的发展？越来越多的研究帮助我们认识到，某些技能、能力、知识和学习方法能够帮助儿童在学业和其他方面获得成功。这些研究结果为各州、各种专业组织和其他实体提供了信息，促使他们制定标准以明确儿童应该做什么以及能够做什么。高质量的发展适宜性标准是教师进行课程开发和教学的重要指南。如果标准不具有发展适宜性，需要大幅度改进，那么教师、家长和管理者必须共同努力一起对标准做出修改。

课程不只是一系列活动的集合。它为教师提供了一个框架，让教师可以为儿童提供一套前后一致的学习经验，以促进儿童达成预期的目标。无论是已经出版的课程还是由教师编写的课程，它们都必须关注儿童所有的发展领域及重要的知识内容。卓越的教师会不断地参照课程，以确保他们为儿童提供的学习经验前后一致。此外，教师还必须熟悉课程目标并精心规划学习活动，从而使每个儿童都能够获得新的认识、知识和技能。

顺序在课程中也非常重要。在许多发展与学习领域中，从逻辑上来讲，一些概念和技能的学习在前，其他则以此为基础，例如，了解字母的相关知识是阅读的基础。然而，在一些情况下，儿童先学什么、后学什么取决于大脑组织和大脑发育的顺序。例如，儿童的语音意识经历了先注意到大听觉的差异（例如，单词之间的分隔、音节之间的分隔），再注意到精细听觉的差异（如单个因素）这样一个过程（Lonigan, 2006）。了解这样的进程，有助于教师为全班儿童和个别儿童规划学习经验的顺序，以及呈现材料的顺序。此外，这一知识还可以帮助教师以更合乎逻辑的方式鹰架个别儿童的发展。

学习经验之间的联系是卓越的教师在规划课程时需要优先考虑的另一个问题。当儿童遇到的新概念、新词汇和新技能与他们已有的认知相联系时；当他们新学习到的信息或者经验以有意义且前后一致的方式相互联系时，儿童就能快速学习。相反，当信息和经验以孤立的、不相关的碎片化方式呈现时，儿童的学习就会变得非常困难。

对卓越的教师来说，他们会尽一切努力给予儿童持续的时间来学习一个特定的主题或者技能。有意义、完整且深度的学习，更有可能吸引儿童并促使他们持续学习。

成为卓越的教师意味着评估儿童的发展与学习

如果说课程是儿童和教师实现预期目标的路径，那么评估就是审视儿童迈向目标的过程。评估对于实施发展适宜性实践非常重要，它可以：

- 监测儿童的发展和学习。
- 指导计划和制定决策。
- 识别出需要特殊服务或者支持的儿童。
- 报告情况并促进与其他人（包括家长）的交流。(McAfee, Leong, & Bodrova, 2004）

通过观察儿童、与儿童交流以及密切关注儿童的活动来评估儿童，是教师试图了解每个儿童及其能力和发展需求的关键。受以下若干现实因素的影响，教师在获得有关儿童的有效信息方面存在很大的挑战，例如，儿童成长和发展非常迅速且不平衡，儿童很容易分心，等等。因此，在评估儿童的学习与发展时，一条基本的准则是永远不要依赖单一的评估措施。观察、审视每个儿童的活动、以"临床访谈"的形式与儿童交流（教师通过与儿童进行延展性对话来识别出儿童的概念或者策略）、对儿童的个人能力进行评估、与儿童的家长进行谈话等，都是有用的信息来源。此外，还应该在不同的情境中收集儿童的信息。

最后，采用发展适宜性方式评估儿童时需要注意：

- 年龄和发展现状的适宜性——儿童的年龄和发展特征可能会影响评估方法的有效性，因此要预料到这一点并选择相应的评估方法。
- 个体适宜性——选择并调整评估方法，从而获得关于某一儿童的最佳信息。
- 文化适宜性——根据儿童的语言和文化背景思考什么对儿童来说是有意义的，例如，避免给儿童提供他们不理解的材料。同时，要根据儿童所处的社会和文化背景来解释儿童的行为，例如，儿童没有对测试的问题做出口头回答，并不意味着他在语言或智力发展上存在缺陷。

通过评估获得的信息对于教师制订计划非常重要。卓越的教师会利用自己的观察所得和收集到的其他信息来指导教学和活动计划，周密思考班级儿童群体和儿童个体需要什么样的学习经验。通过观察儿童探索了什么、什么吸引了儿童的兴趣，以及儿童说了什么和做了什么，教师可以决定如何调整现有的环境、活动材料和常规。教师可以根据儿童的能力准备情况使活动变得更简单或更复杂。在后续的计划中让儿童重复体验某个想法或者某项技能，以帮助儿童牢固地掌握它。有效的计划还意味着，教师要思考儿童个体或儿童群体下一步的发展方向是什么。

成为卓越的教师意味着与儿童家长建立互惠的关系

家长是儿童生命中最重要的人。他们非常了解自己的孩子，他们的喜好和选择很重要。卓越的教师会努力与家长建立互惠的关系，相互沟通、相互尊重。

卓越的教师意识到，家庭是他们了解儿童个体信息的宝贵来源，并且明白家长希望教师看重他们的知识和见解。除了可以通过家长深入了解儿童外，教师还可以通过家长了解儿童的家庭和社区环境，包括儿童的文化环境。对儿童所处环境的了解对教师来说至关重要，它既可以帮助教师制定适宜儿童个体的班级决策，也可以促进教师与家长建立积极的关系。

早期教育工作者有许多东西可以与儿童家长进行分享。关于儿童，他们拥有宝贵的知识和经验。他们也可以详细地告诉家长，他们的孩子当天说了什么、做了什么：在课堂上正在探索什么、学习什么以及获得了什么。教师和家长之间的沟通对于实现家园教育的一致性至关重要，它可以让儿童生活中的重要成人在指导儿童以及与儿童相处时采取一致的方式。当儿童看到爱他们的父母和教师相互信任和彼此尊重时，他们会更有安全感。

教师在为儿童制定决策时，与家长分享这一决策非常重要。教师和家长应该是伙伴关系，共同为了儿童的最大利益而努力。卓越的教师会有意识地采取措施来建立这样的伙伴关系，包括：

- 让家长感到自己是受欢迎的，并邀请他们参与活动。
- 努力与家长进行开放性对话。
- 与家长保持频繁、积极的双向沟通（除了与家长的日常交流外，家长会和定期发给家长的信息也很重要）。
- 认可家长的选择和他们为儿童设定的目标，对他们的偏好和关心的问题保持敏感并予以尊重。

我们的社会是一个多元的社会。教师在与家长建立关系时，需要考虑他们的文化背景（见下一页的"弥合文化差异"）。卓越的教师明白，在文化差异存在的社会背景下，认真倾听所有的家长并对不同的观点持开放的态度，是至关重要的，也是最基本的。

拓宽视野，看到更多

本章的主要目的是回答看似非常简单的问题：什么是发展适宜性实践？在班级中，发展适宜性实践是什么样子的？从一个层面上来说，答案非常简单：发展适宜性实践就是促进儿童实现最佳学习与发展的实践，是卓越的教师在班级中的行为。但是从另一个层面上来说，答案非常复杂，正如本章所试图阐明的那样：班级中的发展适宜性实践这个概念非常复杂，因为"一个特定的实践是否具有发展适宜性"总是要"视情况而定"。

考虑到这种复杂性，我们也就不奇怪尽管美国幼儿教育协会数十年来一直倡导发展适宜性实践，但是对于什么是适宜的和什么是不适宜的，人们仍然存在误解。一些最根深蒂固的误解包括：
- 直接指导并不具有适宜性。
- 发展适宜性实践遵从成熟主义理论（即鼓励教师等待儿童的发展，而不是积极地促进儿童的发展）。
- 发展适宜性实践是温和的（即主张教师把学科内容推迟到小学时再开展）。

弥合文化差异

有时，家长会表现出强烈的偏好，或者选择一种与发展适宜性实践相冲突的做法。当这种情况发生时，你应该抓住这个机会来更多地了解家长的观点。在刚开始沟通时，你们之间也许存在一些文化上的分歧，这时你可能会觉得自己力不胜任。但值得注意的是，你看待儿童的不同方式也可能使家长感到不知所措或困惑。遇到文化差异时，你需要记住的是：如果家长的行为或偏好与发展适宜性实践不一致，那么你不要急于做出消极的判断。

下面这个真实的故事就说明了这一点。

贾马尔的父母坚持不让他到户外游戏。但是，他的老师哈里森女士认为所有的儿童都应到户外游戏，包括贾马尔。于是，哈里森女士与贾马尔的父母进行了对话，以了解他们的理由。原来贾马尔的父母担心孩子的头发里会进沙子，而这点是他们所无法接受的。最终，家长和教师达成了一个解决方案：所有的儿童在玩沙子的时候都要戴上浴帽，就像他们在画画和玩水的时候要穿罩衫一样。

文化是根深蒂固和极其复杂的，教师不可能详细地了解班级中每一个儿童及其家庭的文化背景。更重要的是，教师很难明白不同的文化、期望是如何相互影响的，也不知道每个儿童及其家庭的文化准则以何种形式呈现。

要想弥合这种文化差异，教师首先需要更多地了解儿童的家庭和他们的文化。你可以通过观察家庭成员与儿童的互动来做到这一点。你可以听一听家长对儿童的行为以及对儿童与成人、同伴互动的期待，并试着去理解家长的育儿观念。然后，你可以花些时间对所观察到的内容进行不含判断的评论，并与家长沟通你对儿童发展的看法，以及你在班级中所采用的教学和照护方案。

家长希望孩子在早期教育项目中学到的东西与他们的价值观保持一致。教育项目与家庭之间的一致性可以通过文化回应性实践来实现。这一点类似于音乐。在音乐中，和谐的音符并不是完全相同的音符，但它们一起构成美

> 妙的音乐。关键在于，你要开展的实践必须是儿童和家长都认可的，以免在儿童与其家庭之间制造隔阂。
>
> 即使面对截然不同的实践，也要努力追求协调一致。你不要从对错的角度来看待这两种截然不同的实践，而是只把它们看作两种不同的实践。这种视角上的转变既不意味着"什么样的实践都行"，也不意味着你要放弃对发展适宜性实践的坚持。值得注意的是，文化并不总是意味着有利于儿童的发展。因此，你首先必须想办法了解家长的观点以及其中涉及的身份问题；然后，你才能更好地判断对特定儿童来说什么是有害的或是有益的。此外，在敞开胸襟接纳文化差异的同时，你还必须考虑到儿童照护过程中的法律和伦理界限。
>
> 因此，当教师的专业知识（关于儿童需要什么）与家长的观念产生矛盾时，解决方法就是正确沟通两者之间的差异。最终，教师和家长将找到应对这些差异的方法，就像贾马尔的父母和教师最终想出了用浴帽来解决沙子的问题一样。教师的专业知识非常有价值，但是仍有进一步阐述的空间。除非家长有不同的看法，否则我们的目标都是保证儿童的安全、健康、成长与发展，让他们与自己的文化相连接，同时又能让他们学会在自己所处文化外的世界中生活。
>
> ——珍妮特·冈萨雷斯 – 梅纳（Janet Gonzalez-Mena）

为了消除这些误解，也为了我们彼此之间以及我们与他人之间能够更清晰明了地进行交流，在早期教育领域，我们需要拓宽看待实践的"镜头"，并以更精准的语言来描述发展适宜性实践。

在这里，我们用镜头进行比喻，主要有两个方面的作用。首先，照相机的镜头能够扩大和缩小我们的视野。我们可以使用它聚焦一个人，也可以使用它关注整个班级。例如，当我们只关注单个儿童，而非将整个镜头调整为关注儿童整体及其家庭成员时，所看到的画面就会有所不同。

其次，我们可以调整焦距，以便看得更清晰和精准。

例如，关于游戏对儿童发展的重要作用，有些早期教育倡导者给出了一个笼统的论断——"儿童通过游戏来学习"。这句话本身是对的，但是它需要一定的限定条件。我们有许多不同类型的游戏，如建构游戏、假装游戏、规则游戏、追逐打闹游戏等。这些游戏对儿童具有不同的潜在价值。比如，高水平的角色扮演游戏（例如，设计了游戏情节，并遵守游戏规则）能够极大地促进儿童自我调节能力的发展；但是，如果儿童在角色扮演游戏中只是操作游戏材料（例如，把盘子放进假装的烤箱里，再把它拿出来），那么它并不能促进儿童自我调节能力的发展。

同时，已有研究表明，儿童的高水平游戏并不会自发开展（Hirsh-Pasek et al., 2009）。教师在发挥高水平游戏的潜能方面起着重要的作用。因此，为了有效地利用游戏促进儿童的学习与发展，我们必须更加敏锐地看待游戏。同时，当我们倡导游戏和其他有利于儿童的实践时，思路清晰并能用精准的语言与家长、管理者、政策制定者沟通至关重要。

让我们再次回到镜头这一比喻上。调整镜头拓宽教师的视野，还有助于教师以更有用的方式思考实践，即所谓的"兼顾/并存"（both/and）思维模式。虽然在教育辩论中两极化的思维模式盛行，比如，最好的方式必须是这个或那个，但一个更富有成效的路径是要意识到，发展适宜性实践通常意味着使用多种不同的方法，或者依据具体情况对一种方法进行调整。例如，"儿童是在教师指导的活动中学得最好还是在自我指导的活动中学得最好"这一问题，会让人做出错误的选择。因为已有实证研究发现，教师指导性活动和儿童自主活动在儿童的学习与发展过程中都发挥着重要作用（Epstein, 2007）。

最后，请记住以下几个非常重要的"兼顾/并存"思维。

卓越的教师知道，发展适宜性实践既包括教什么又包括怎么教

早期儿童教育领域非常关注教学法（即如何教和学），并且已经识别出有效教学的一些重要特征，例如，有意义的、主动的学习，以及针对儿童个体使用个别化教学法。有价值的学习内容（即学什么）其重要性虽然也得到了肯定（例如，Katz & Chard，2000）；但是，总的来说，早期教育领域对学习内容的重视程度远不及对教与学过程的重视。相关研究、学生的学业成就数据（尤其是小学生）和常识都不断地告诉我们，在教育儿童的时候，教什么以及如何教都很重要。

尽管目前的研究尚未揭示出针对特定年龄段儿童的最佳的教学方法和最重要的学习目标是什么，但是教师需要这一知识，也需要专业的支持来促使他们理解这两个问题并将其运用到他们的课堂上。

卓越的教师知道，发展适宜性实践既包括教师指导的活动又包括儿童自主活动

无论是在儿童自主活动中还是在教师指导的活动中，最有意义的教育经验都是那些能够让儿童的思维深度参与的经验。在某些教室里，儿童可以自由进行选择和游戏，但其环境并不能够支持儿童持续地进行游戏；相反，某些教室环境可以激发儿童饶有兴趣地持续参与活动。同样地，儿童可能会高度投入地参与教师计划周密的、充满活力的活动，也可能会因为这样的活动不适宜而感到无聊或沮丧。

早期教育实践中的"兼顾／并存"思维

在美国幼儿教育协会于1996年发布的发展适宜性实践立场声明中，最受人们欢迎也被人们引用最多的内容是它呼吁早期教育领域的人们从二选一思维转向"兼顾／并存"思维。这一呼吁是对美国人们在谈论教育时反复出

现的一种趋势的回应，即在许多问题上，人们的选择容易两极化，而实际上两种选择可以并存。

如今，这种两极化选择依然存在。例如，无论在任何教育主题中，关于儿童发展是更得益于教师的直接指导还是儿童的自主活动的热烈辩论仍在继续。实际上，不同的方法适合不同类型的学习，我们可以将不同方法的元素有效地结合起来。例如，在学习科学知识的时候，某一个班级的教师可能先给儿童上 20 分钟的课；另外一个班级的教师则可能给儿童分发一些材料，鼓励儿童自主探索。然而，以上两种做法很可能都是无效的。一种更有效的路径是将两种做法结合起来，即儿童动手进行实验，教师及时对概念做出明确的解释，并介绍相关的科学词汇。

在更新立场声明的过程中，我们发现早期教育领域已经有很多人开始重视"兼顾/并存"思维。但是，我们同时也出现了一种新的担忧。有时候，"兼顾/并存"思维被肤浅地应用为"这个抓一点，那个捏一点"。我们必须明白，关于什么是发展适宜性实践和什么不是发展适宜性实践的大多数问题，其答案需要基于更细致的实证研究。

以下例子表明，在早期教育实践的很多方面都可以使用"兼顾/并存"思维，也阐述了各实践指导原则之间的复杂性和关联性。

- 教师既要对所有儿童的学习抱有较高的期待，又要意识到部分儿童需要额外的资源和帮助来实现这些期待。
- 儿童既能够自主建构对概念的理解，又能够从成人和更有能力的同伴的指导中受益。
- 儿童既能够从自发游戏中受益，又能够从教师计划的结构性活动、项目和经验中受益。
- 儿童既能够从各学科相互联系的整合课程中受益，又能够从专注深入地学习某一学科内容中受益。
- 儿童既能够从有序的一日生活常规和可预测的学习环境结构中受益，又能够从教师灵活地回应他们不断出现的想法、需求和兴趣中受益。

- 儿童既能够从有意义的选择中受益，又能够从清晰地了解允许选择的界限中受益。
- 儿童既能够从促使他们发挥最大能力的环境中受益，又能够从有充足的机会练习新技能中受益。
- 儿童既能够从同伴互动中受益，并产生集体归属感，又能够从成人把他们看作拥有独特优势、兴趣和需求的个体中受益。
- 儿童既需要产生积极的自我认同感，又需要尊重他人的观点和经验。
- 儿童既具有强大的学习能力和对世界的无限好奇心，同时其认知和语言能力的发展又受到年龄的限制。
- 双语儿童既需要学习流利地使用英语，又需要维持和进一步发展自己的母语。
- 教师既要努力缩小不同社会经济、文化和语言背景的儿童之间的学业成就差距，又要视每个儿童为有能力的、可以成功的个体。

卓越的教师知道，发展适宜性实践既能让儿童获得快乐又能让他们进行学习

快乐和学习都很重要，并且两者相辅相成。在婴儿期，儿童就已经通过视觉开始进行探索，控制物体，体验皮亚杰（Piaget）所说的"因为促使事情发生而感到快乐"（1962，91）。儿童非常喜欢让事情发生。例如，当婴儿不小心踢到了一个物体并使其发出声音时，他会再次踢腿，试图再次听到这个声音。这是快乐还是学习？答案是，两者都是。

脑科学专家证实了快乐和学习之间的紧密联系：

> 一个精彩的学习循环过程是由游戏中的快乐所驱动的。儿童拥有非常强的好奇心，喜欢探索和发现新事物；发现给儿童带来了快乐，而快乐会引发下一次的探索和练习；练习能够帮助儿童熟练掌握新知识和技能，而熟练掌握新知识和技能又给儿童带来

了快乐和自信，使得儿童再一次探索自己的好奇心。总之，游戏的快乐引发了儿童的重复行为，而重复行为推动了儿童的所有学习，包括情绪、社会性、动作和认知能力。（Perry, Hogan, & Marlin, 2000）

儿童喜欢探索和发现周围的世界，喜欢寻求新的挑战，并通过战胜挑战获得新的能力（Hyson, 2008）。利用儿童对学习的这一天然热爱而不是把工作和快乐分割开，可以更有效地促进儿童的发展与学习。正如一些早期儿童教育工作者所说的那样，儿童最喜欢"挑战的乐趣"。

本章重点介绍了卓越的教师如何制定各种决策，以实施发展适宜性实践。好的决策从来不是凭空而来的——一些决策比另一些决策好。卓越的教师在制定决策时，首先需要了解有关促进儿童学习与发展的知识。下面的章节聚焦于0—3岁婴幼儿，宽泛地介绍了这一年龄段儿童学习与发展的基本情况，及其对开展发展适宜性实践的重要影响。

第三章

了解婴儿和学步儿的发展*

---

* 本章作者是玛丽·本森·麦克马伦（Mary Benson McMullen）博士，她是美国布卢明顿市的印第安纳大学儿童早期教育专业教授；她目前的研究重点是通过基于关系的实践促进0—3岁婴幼儿身心健康发展。

婴幼儿是迷人的、神奇的和令人难以捉摸的。他们"全副武装"地来到这个世界上，并深深地吸引着我们。他们促使我们去发现自身最人性的一面，并遵从内心的情感快乐和毫不掩饰地关心、爱护、教育他们。能够与家长分享儿童头三年的发展旅程，能够与婴儿和学步儿一起学习、探索、成长和发展，对教师来说既是一份珍贵的礼物，也是一项艰巨的任务。家长把保障儿童身心健康和幸福的重担托付给我们，他们把促进儿童的大脑、身体和心灵发展的责任交到我们手上（见"交到我们手上"）。我们要为履行这一责任做好最充分的准备，并学习相关知识和技能来满足 0—3 岁儿童的需求，保障他们的幸福，同时为他们提供未来成功所需要的一切。

交到我们手上

在早期教育项目从事 0—3 岁婴幼儿照护工作的人，必须把重点放在每个婴儿和学步儿的幸福上，保障他们的身心健康和安全，促进他们成长和发展，同时激发他们对学习的天然好奇心，包括：

- 作为个体的他们是谁。
- 对集体、家庭、社区和文化的归属感。
- 为未来要成为怎样的人做准备。

在这一章中，我们将广泛地介绍 0—3 岁婴幼儿的发展，包括如何在

集体照护环境中观察婴幼儿的发展,如何通过发展适宜性的、以家庭为中心的同时兼顾文化回应性的实践来支持儿童的发展。本章所关注的婴幼儿主要是指没有患慢性疾病、没有残疾的儿童。

没有单独哪一章能够为照护者提供关于婴幼儿发展的所有信息,但是本章可以帮助集体照护环境中的婴幼儿照护者了解到,他们有可能观察到儿童的哪些表现。图 3.1 展示了本章的内容框架,以及在集体环境中最大程度地促进婴幼儿的身心健康、幸福和发展的模型。

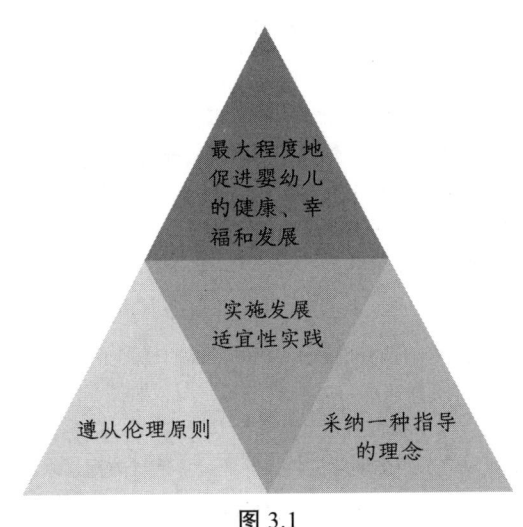

图 3.1

了解婴儿和学步儿

0—3 岁儿童遵循自身独特的发展时间表,并且在发展方面表现出巨大的变化。对一个成人来说,三年似乎是一段很短暂的时间;但是对婴幼儿来说,他们在 0—3 岁的生长和发育速度非常快。因此,把这一阶段分解开来非常有用。在考虑婴幼儿的发展阶段划分时,从儿童的发展需求、信息加工方式及他们与环境互动的方式入手比从年龄入手更为合适

（Lally & Mangione，2008）。

下面的"婴幼儿发展特征表"列出了0—3岁婴幼儿发展的三个阶段，它可以很好地帮助我们了解小婴儿、可移动的婴儿和学步儿的发展特征。明确不同的发展阶段和每一阶段儿童的独特发展需求，可以为照护者观察、评估婴幼儿以及制订计划提供参考，同时有助于照护者决定投放什么样的材料和设施设备，也有助于他们认真思考如何把儿童划分为不同的小组。

婴幼儿发展特征表

从出生到3岁	大概的年龄段	发展重点
小婴儿	出生到9个月	寻求安全感和信任感
小婴儿需要建立安全感，并信赖这个世界。当他饥饿的时候，要有人给他喂食；当他感到悲伤、孤独和害怕的时候，要有人安慰他；当他因尿湿而感到不舒服时，要有人及时给他换尿布，并且照护者在做这一切时要语气温柔，满怀爱意。为了帮助婴儿建立起信任的基石，照护者必须非常了解婴儿且足够敏锐，能够迅速满足婴儿的需要，同时能够让婴儿预见到自己的需要何时可以被满足。		
可移动的婴儿	从8个月到18个月	多感官探索
当婴儿在环境中移动、滚动、爬行或蹒跚学步时，他们就到了生命的一个新阶段。在这一阶段，婴儿每天大部分时间都在练习大小肌肉的使用，如抓、击、打、拍、扔、拿、推、爬等。这一阶段的婴儿沉浸于独自游戏和探索，享受其中，不需要成人和同伴的参与。他们利用手边一切可以利用的东西理解世界，并通过多感官的探索来建构知识和概念。		
学步儿	从16个月到36个月	建立身份认同和归属感
到了2岁，学步儿身上开始出现各种典型的变化，这体现了他们在发展上的重大转变。学步儿会坚持自己的权利（自我意识），主动地表达强烈的意见、偏好、欲望和需求。同时，他们也会变得更加具有社会意识，更有能力关心和照顾周围的人。学步儿会对集体产生一种归属感，并表现出对特定同伴的偏好。同时，他们对家庭成员有更充分的认识。		

儿童发展的相关知识

了解儿童发展的相关知识是成为一名优秀的观察者的基础，也是在对婴幼儿进行持续评估和记录时所必须具备的一项能力（Elicker &

McMullen，2013）。对婴幼儿进行仔细观察和持续评估，连同从家长那里获得的信息，能够帮助照护者深入地了解婴幼儿，并对他们实施个别化的照护活动。观察儿童的发展情况，可以让照护者了解到婴幼儿已经掌握了哪些技能和能力，以及他们正在练习和巩固什么样的技能和能力，并帮助照护者计划新的学习经验以促进婴幼儿进一步发展。

促进儿童发展的理念与原则

只有在具有一致性、符合伦理原则且所有人都接受的理念的指引下，早期教育项目才能够为婴幼儿的健康成长和最佳发展提供最适宜的环境。发展适宜性实践就是这样一种指导理念，它能够帮助许多早期教育专业人士思考和构思自己的实践。理念是实践指导原则建立的基础。教师在制定有关互动和实践的决策时，会参考相应的实践指导原则。下面的"实践指导原则"介绍了7个专门针对0—3岁婴幼儿的原则，我们接下来将进行简要的介绍。

实践指导原则

发展适宜性实践指导0—3岁婴幼儿教育专业人士：

- 了解不同背景下的婴幼儿。
- 尊重和支持所有的婴幼儿及其家庭。
- 与家庭充分合作，共同关心和照顾婴幼儿。
- 根据婴幼儿的文化背景给予适宜的照护。
- 尊重婴幼儿的权利。
- 与婴幼儿建立相互关爱、相互支持的关系。
- 对婴幼儿的交流保持敏感，并及时做出回应。

了解不同背景下的婴幼儿

我们知道,发展的每个领域都会影响其他领域的发展,也会受到其他领域发展的影响。同样,婴幼儿的发展也与社会文化、环境因素密切相关。因此,我们必须对婴幼儿进行全面的观察和评估。

尊重和支持所有的婴幼儿及其家庭

做好准备,欢迎每一个婴幼儿以及他们的家人,无论他们的信仰、经济状况、需求、语言和沟通方式是什么。让婴幼儿及其家人感到这是一个不带偏见的、充满支持和关爱的照护环境。

与家庭充分合作,共同关心和照顾婴幼儿

实施以家庭为中心的实践,把家庭作为合作伙伴而非客户或者顾客;认可家长的专长,尊重他们为婴幼儿制定的决策(Keyser,2006;Pianta et al.,2012)。这样一来,家长就能充分感到自己被赋权,他们支持孩子发展的能力也会得到很大提高。

根据婴幼儿的文化背景给予适宜的照护

特别留意向婴幼儿及其家庭传递的口头或者非口头信息,包括什么是对的,什么是错的,什么是正常的,什么是不正常的,什么是好的,什么是坏的。所有这些信息都会影响婴幼儿理解自己是不是一个值得被人爱的人,影响他们理解自己的家庭是不是值得被接纳。因此,要有意识地支持每个婴幼儿自我意识的发展,包括他们与自身家庭、文化的联结。

尊重婴幼儿的权利

允许婴幼儿自由游戏,学会自由和自主选择。提供符合婴幼儿的兴趣、爱好和想法的材料、玩具、书籍、经验等,以促进他们对事物的控

制感。在这个过程中,婴幼儿的控制能力会有所发展,他们能够了解不同选择带来的后果,也学会了与他人分享以及其他民主性原则。

与婴幼儿建立相互关爱、相互支持的关系

在集体照护环境中,无论是照护者与婴幼儿之间的关系,还是婴幼儿之间的关系,抑或围绕婴幼儿建立的其他关系,都会影响婴幼儿的大脑健康发育以及身心健康发展(Bronfenbrenner & Morris,2006;NSCDC,2004;Shore,2003)。因此,所有照护人员都应该努力营造一种充满关爱与支持、积极进行沟通与互动的情感氛围。

对婴幼儿的交流保持敏感,并及时做出回应

在集体照护环境中,照护者与婴幼儿互动时的敏感性和及时性会影响婴幼儿与成人之间安全依恋关系的建立,以及儿童的自我价值感和信任感的发展。因此,照护者应充分地了解每个婴幼儿,以便对他们做出适宜的回应。

了解儿童出生后头三年的变化

许多变量都会影响儿童出生后头三年的发展。基因、家庭的育儿理念和价值观以及众多环境因素等相互作用,促使儿童在出生后头三年发生翻天覆地的变化。儿童是什么样的人和他们将成为什么样的人,均取决于所有这些因素的相互作用,以及他们在生命的最初几周、几个月甚至几年里的互动和经验。

我们将使用生长、成熟、发展以及同化和顺应等术语来描述0—3岁婴幼儿大脑和身体发生的变化。这些发展过程是相互依赖的,每一个过程都会受到其他过程的影响,反过来也会影响其他发展过程。我们将在

这里进行简要的讨论。

生长、成熟和发展

生长涉及身体在量方面的变化，如大小、体重、身高、头围的变化等。这些都是可以被观察到，也容易被测量的因素。生长的同时伴随着身体内部器官和组织的物理变化，以及与成熟相关的结构和功能的变化。

成熟是指身体机能变化的时间和速度，它在很大程度上由生物学因素决定。例如，成熟决定了学步儿何时能够控制自己的膀胱。

发展伴随着生长和成熟，是指应对世界的方式从简单到越来越复杂的变化，包括面对身体上的挑战、交流、思考和解决问题、看待自己和他人，以及与他人建立关系等。儿童会通过外部行为向照护者发出信号，暗示发展已经开始了。例如，婴儿能够区分熟悉的人与陌生人，因为他们表现出对陌生人的焦虑；学步儿能够理解因果关系，因为照护者无意间听到他们对新近发生的事情做出了预测。

同化和顺应

儿童在出生后头三年发生的另一个变化是，他们的思考方式、处理信息的方式以及学习方式发展了。皮亚杰描述了同化和顺应的双重过程来解释这一点（Piaget & Inhelder，1969）。当婴儿和学步儿与周围的人及环境互动时，他们的大脑通过对感官信息的加工来理解这些经验。当婴幼儿接触到的新信息与大脑中已经存在的结构相适应时，同化就发生了。他们的大脑中之前已经储存了与这些新信息非常相似的知识或经验，现在只需将这些新信息添加到现有的结构中。

当儿童接触到的新信息与以往经验不同时，其大脑就会对现有结构进行重塑和延展以适应这一新信息，这就是顺应。顺应只发生在新信息与儿童的已有知识或者经验没有太大不同时。由此可见，婴幼儿的大脑会吸收信息，并通过同化的方式来积累知识。婴幼儿的大脑也会完全顺应全新的概念和技能，只要这些概念和技能以某种方式与先前的知识和经验联系起来。然而，如果新概念或技能与婴幼儿大脑中的已有知识或者结构相差太大，大脑就无法对其进行处理，学习也就难以发生。

例如，给婴儿一个全新的奶瓶，而且这个奶瓶的奶嘴与他之前使用的略有不同。之前，他的大脑中已经存在了一个认知结构："奶瓶是一个盛牛奶的东西，我通过吮吸奶嘴就能吃到牛奶。"因此，看到新的奶瓶和奶嘴时，他的大脑会很快适应它们。在这一过程中，他采用了同化的方式，并且对于"盛牛奶的东西"有了更多的认识和经验。但是，稍后一段时间，如果给他提供的是鸭嘴杯而非奶瓶，那么他现有的大脑结构就会发生彻底的改变——顺应。顺应的结果是重塑了儿童现有的知识和经验结构，帮助他学习了一个新知识：啜饮牛奶而不是吮吸牛奶。

环境

儿童的发展受先天影响还是后天影响这一争论早已经尘埃落定：儿童在与环境的不断互动中发展。照护者与婴幼儿的互动、为婴幼儿创设的环境以及他们为婴幼儿提供的经验，都对婴幼儿的生长、成熟、发展以及他们的学习（通过同化和顺应进行）产生或积极或消极的影响。

观察 0—3 岁婴幼儿的发展

下面的话题回答了这样一个问题："为了有效地照护婴幼儿，照护者需要了解有关婴幼儿发展的哪些知识？"有时候，这些信息可以指导照护者在婴幼儿发展过程中观察什么。其他时候，这些信息可以帮助照护者了解婴幼儿发展的过程。

尽管没有一个领域是孤立发展的，但是我们还是确定了五大发展领域以帮助照护者清晰地了解每一发展领域的独特过程（见"五大发展领域及关注点"）。由于任何领域的发展都与其他领域的发展同步进行，并高度依赖其他领域的发展，因此，照护者学习这部分内容时应努力寻找相关联的领域。

照护者可以利用这些信息：

- 聚焦于观察婴幼儿的发展。
- 获取专业的语言，以便与家长分享有关婴幼儿发展的信息以及对婴幼儿的发展做一个概述。
- 为儿童个体和群体制订下一步发展计划。

五个发展领域及关注点

发展领域	描述	观察和制订计划时的关注点
保障终身幸福和健康生活的身体发育和习惯培养	身体健康和发育：照护者要观察婴幼儿的身高和体重，观察他们是否得到了充足且适当的营养，是否有受虐待的迹象，是否患慢性疾病或受到伤害。 心理健康：照护者要观察家庭和集体照护环境中的婴幼儿的压力水平；示范并培养婴幼儿形成健康、安全的习惯；促进婴幼儿自我照料能力的增长，包括学会满足自己的需求。	身体健康和发育 心理健康 　婴幼儿的心理健康 　情感氛围 　婴幼儿被虐待或者被忽视 学会健康和安全地生活 自我照料
思考、推理和理解世界：大脑与认知发展	认知发展：指婴幼儿知识的增加以及他们在理解世界的过程中其认知过程发生的变化，也指婴幼儿思考、推理和解决问题的能力会随着时间的推移及经验的增加而变得日趋复杂。	大脑的发育与经验 认知过程 　注意力 　客体永久性 　因果关系 　分类 　记忆、模仿和回忆
身心联系：感知运动的整合发展	当婴幼儿利用全部感官探索周围环境时，其知觉能力得到了发展。运动能力发展是指婴幼儿不断改善小肌肉运动（精细动作）和大肌肉运动（粗大动作）能力，越来越能协调、平衡和控制自己的身体。	知觉能力发展 运动能力发展 空间意识

(续表)

发展领域	描述	观察和制订计划时的关注点
存在与归属感：社会性与情绪发展	社会性发展：指婴幼儿对自身和他人的认识不断加深。 情绪发展：指婴幼儿能够了解情绪和给情绪贴标签，知道他人也同样有不同的情绪，并学会自我调节情绪；道德感，包括明辨是非、关心他人、移情等；对世界的审美意识，即什么是美丽的，婴幼儿欣赏什么，以及他们为什么欣赏它。	自我意识和他人意识 自信和自尊 与他人互动 气质 同伴交往 亲社会行为 情绪发展 依恋 情绪调节
交流：语言、读写能力和数学理解能力的发展	语言发展包括接受性语言和倾听能力（理解口头或非口头语言）以及表达性语言（能够与他人交流，让他人理解自己）的发展。语言发展对于婴幼儿理解和使用符号来进行读写、理解数学非常重要，婴幼儿要能够意识到单词、标志和符号都是有意义的，并能够使用它们。	接受性语言和倾听 表达性语言 早期读写与数学理解能力

备注：改编自 CDE（2009）和 Shonkoff and Phillips（2000）。

保障终身幸福和健康生活的身体发育和习惯培养

在生命的前三年里，身体会发生比人生任何一个阶段都要大的变化。一个良好的开端能使儿童终生都遵循一条身心健康发展的轨迹。在寻求资源和服务以帮助婴幼儿健康发展方面，有些家庭可能需要一些支持。以家庭为中心的项目在这方面发挥着重要作用。

谨慎使用有关发展的里程碑信息

儿童在出生后前三年的发展具有顺序性和可预测性，但不同儿童之间的发展速度存在个体差异。对照护者来说，重要的是不要过度诠释自己从有关儿童发展阶段的表格中获得的信息，包括育儿书籍、儿科书籍、网络甚至本章中出现的信息。

照护者可以把儿童发展的里程碑看作一种成就,当婴幼儿可以实现时,和他们一起庆祝;当婴幼儿没能达到平均水平时,也不会把它看作失败或者缺陷。婴幼儿在一些领域比另一些领域发展得更快一些,是很常见的事。照护者应该帮助家长正确解读这一信息,以免家长过度焦虑。

不过,了解不同年龄段儿童发展的大概情况,可以帮助照护者及时发现一些潜在的可能影响儿童发展的问题。照护者要对那些在某一个或者某几个发展领域花费了很长时间的婴幼儿保持警惕。随着时间的推移,如果照护者发现婴幼儿总是如此,那么就要与家长进行沟通,然后在必要时帮助他们寻求其他专业人士的评估(Elicker & McMullen, 2013)。照护者一定要熟悉婴幼儿的出生状况,尤其是那些早产儿和出生时体重较轻的婴幼儿,因为他们往往需要更长的时间才能达到其所在年龄段的发展里程碑。

身体健康和发育

在婴儿出生的第一年里,他的体重可能会增加三倍,身高可能会增加15~22厘米。虽然在第二年生长速度有所放缓,但到两岁时,儿童的身高可能会再增加7~12厘米,体重则是出生时的四倍。在这一阶段,卫生保健人员要仔细监测儿童的快速发展。

在儿童生命头三年的快速成长时期,充足和适当的营养对其健康至关重要。在集体照护环境中,照护者必须遵循相应的营养膳食指南,同时在决定如何满足婴幼儿的营养需求时与家长达成一致意见。

充足的睡眠对婴幼儿的发展也同样重要。婴儿和学步儿对睡眠的需求量存在很大差异。针对小婴儿,照护者至少应遵循他们的作息时间。等到儿童两岁时,大部分学步儿可以与班级中的其他小朋友保持一致的午睡时间。当然,对有额外需求的学步儿来说,照护者应该允许他们在其他时间小憩一会儿。照护者应当把婴幼儿的睡眠需求视作一种发展需求,并将婴儿床放在远离游戏区的地方，同时调暗灯光，努力为婴幼儿提供一个舒适和安静的午睡区域。

心理健康

婴幼儿心理健康的相关实践和研究已经证实了，儿童自身及其家庭中的压力与儿童发展之间的关系。亲子依恋缺失、父母在家中酗酒和吸毒、父母忽视或虐待婴幼儿、家暴、父母被监禁、母亲产后抑郁、家庭中的情感氛围消极等都会影响婴幼儿的情绪健康和他们未来的发展。

即使一般的压力也有可能影响到婴幼儿的健康与幸福。照护者可能会注意到一个健康活泼的孩子突然变得害羞、兴趣缺失或者无精打采；也可能会注意到一个孩子突然变得过度兴奋，反应强烈。一个感到压力的婴幼儿可能会在睡眠、饮食或排便习惯方面发生根本性的变化。注意，他们的变化是根本性的，与之前判若两人。

当照护者看到婴幼儿表现出压力或者其他情绪不良的迹象时，如总是不开心，应予以重视并及时与儿童家长进行讨论，以便更好地帮助婴幼儿及其家庭。无论婴幼儿面临多大的压力，照护者都应努力帮助他们及其家庭消除压力，要让婴幼儿觉得集体照护环境是一个可以让他们感到平静、有安全感和值得信任的环境，尤其是在安全方面。

喂养与进餐、换尿布与如厕、睡觉及穿衣等与婴幼儿的身体亲密接触的照料，以及何时或者是否培养婴幼儿的独立性问题，都与儿童的文化背景、传统和家庭价值观相联系。照护者必须对儿童家庭的不同信仰和文化差异保持足够的开放和敏感。照护者如果因为这些问题与家长发生冲突，那么不仅会给彼此带来压力，还会损害婴幼儿的自我身份认同感。照护者要勤于反思，理性看待这一问题，确保不会让自己的价值观和可能存在的偏见来支配自己的行为，影响自己对家长和婴幼儿的回应。

学会健康和安全地生活

除了前面描述的七项原则外,还有一项附加原则,即不伤害婴幼儿。当然,所有的照护者都是这样做的。照护者为婴幼儿所做的一切事情,首先就是为了确保婴幼儿的健康与安全。遵守消防守则、防止儿童在室内受伤、检查户外活动场地是否有有害物质、使用比例适当的清洗液、戴手套换尿布等,照护者每天都会不假思考、出于惯性地做一千次这样的事情,以确保婴幼儿的健康与安全。他们希望婴幼儿能在一个健康与安全的环境中生活、玩耍、学习和发展。

当照护者做这些事情时,他们不仅向婴幼儿示范了做法,还示范了良好的个人健康习惯。在婴幼儿面前,照护者的行为能够为他们提供一个有关健康、安全和自我照料的榜样,比如,吃苹果当零食、及时洗手、在太阳底下散步、过马路时朝两边看,等等。

自我照料

到头三年结束时,儿童的能力已经有了较大发展,他们可以帮助照护者进行一些常规活动,甚至可以自己照顾自己。许多四五个月大的婴儿在照护者为他们换尿布时会配合照护者,他们会拿着干净的尿布和湿巾,并摆好姿势。大部分能够移动的婴儿可以认出自己的物品,并伸出自己的胳膊和腿来辅助照护者穿上鞋子、外套和其他衣服。学步儿可以自行脱下衣服或穿上夹克,但他们不会拉拉链或扣扣子。在照护者的帮助下,他们还可以梳头和刷牙。

从 8 个月大开始,儿童独立进餐的能力快速发展。但是,儿童学会了做某事并不总是意味着我们应该鼓励他们这样做。是否可以独立吃饭与文化传统有着密切的关系。因此,照护者必须考虑不同家庭背景中儿童的饮食习惯。有许多家庭和文化更看重其内部成员之间的依赖性而非独立。照护者可以与家长合作一起为每个婴幼儿制定发展目标,从而明确何时培养婴幼儿的独立性。

思考、推理和理解世界：大脑与认知发展

认知发展依赖于健康的大脑。认知发展是指儿童在理解世界的过程中其智力上的发展。婴幼儿思考、推理和解决问题的方式会随着他们能力的提升而得到发展。

大脑的发育与经验

在0—3岁阶段，儿童在各领域的发展速度会比生命中的任何一个时期都要快速。这一点在大脑的发育上体现得最为明显。两岁时，儿童的大脑会从出生时的340克左右增长到大约1134克，几乎接近成人的大脑重量（成人的大脑重量为1360克）。出生时，儿童的大脑中有超过1000亿个生命所必需的神经细胞或神经元。随着婴儿的成长与发育，大脑会在这些神经元之间建立联结，并在大脑中建立通路。等到婴儿满月的时候，一个健康的大脑会在神经元之间建立100万亿个联结，这些联结都是在婴儿与照护者互动的过程中发生的（NSCDC，2004；Shonkoff & Phillips，2000）。

到儿童3岁时候，其大脑所建立的神经联结会比其他任何时候都要多。这些联结并不都是强大的，也并不都是生存或者健康发展所必需的，因此，许多都会慢慢枯萎死亡。保存下来的都是与儿童的反复体验和强烈情绪有关的神经联结，它们会变得越来越强大，蓬勃地发展着。当前的脑科学研究结果证实了早期儿童教育工作者很早之前就得出的一个结论，即环境质量、早期经验和人际关系是婴幼儿茁壮成长和健康发展的最为关键的影响因素（NSCDC，2004；Shonkoff & Phillips，2000；Shore，2003）。

适当的营养、充足的睡眠、安全的环境、全面的身体检查，可以促进

婴幼儿大脑的健康发育。在集体照护环境中，婴幼儿大脑的健康发育还取决于他们与照护者之间是否形成了积极的关系。照护者要非常了解婴幼儿，能够为婴幼儿提供经验来启发、挑战和刺激他们大脑中的神经元，并增强相关的神经通路。大脑的健康发育对婴幼儿的所有认知过程都至关重要，尤其是对记忆能力的发展，而包括存储、回忆和利用信息在内的记忆能力，是婴幼儿在已有经验基础上学习和发展的核心。

理解世界的认知过程

认知发展促使婴幼儿在成长的过程中不断获得新知识，并提高了他们思考和处理信息的效率和复杂程度。正如本节所介绍的，儿童的认知发展成就主要体现在能够被照护者观察到进而提供支持的各种行为上。

注意力。它是一项影响学习的重要认知能力，在生命早期就已经出现了。通常，在出生后的几小时内，健康的新生儿就会非常机警，并能够将头转向吸引他们注意力的声音（通常是人的说话声）。他们表现出对某些声音的偏爱，尤其喜欢妈妈的声音，并能够将它与其他女性的声音区分开来，这是因为他们在子宫中听到的就是妈妈的声音。有些新生儿还可以从其他男性的声音中区分出爸爸的声音，前提是他们的爸爸在整个孕期与他们的妈妈频繁地交谈（Lee，2010）。

这些早期迹象表明，婴儿希望得到关注，并能够关注其他事物。这些为他们与照护者面对面地互动创造了条件。婴幼儿的这些反应引起了父母的注意，并帮助其与父母建立稳固和安全的依恋关系。吸引婴幼儿的注意也非常重要，它使我们和婴幼儿得以建立关系以帮助他们健康成长和发展，同时也有助于促进婴幼儿注意力的集中。

大约在 6 周以后，婴儿会被人脸吸引，觉得人脸非常迷人。这一行为会贯穿整个婴儿期。他们会注意到他人面部的变化，如微笑、皱眉、眉毛的上下移动等。细心照料婴儿的照护者会发现，他们的表情会反映在婴儿的脸上，因为婴儿会以同样的表情看着他们。照护者应该为婴儿提供足够的机会与照护者进行面对面的互动。在这个过程中，你们可以相互观察彼此的脸，当他们呜呜叫时，你也呜呜叫；当他们微笑时，你也微笑。这些早期交流能够帮助婴儿获得语言和沟通能力的发展，帮助他们识别他人的情绪，同时因为照护者把他们作为互动伙伴而让他们产生自我价值感。

8—10个月大的时候，大多数婴儿能够用眼睛追随其他事物或追随他人的视线。等到10—14个月大的时候，这一能力变得更加成熟。此时，婴儿能够与他人共同关注某一事物。照护者将会注意到某个孩子正在看某个东西，或者指着这个东西，一直盯着它看。这些行为表明，儿童的认知能力已经到达了一个新阶段。在这一阶段，照护者能够轻松地吸引儿童的注意力，使其关注他们一起正在进行的活动。这些能力对儿童意识和参照能力的发展至关重要，一旦将其与词汇、环境符号相结合，儿童就获得了口语和读写能力的学习基础（Bruner，1985）。

婴儿集中注意的能力，可以使他们忽略集体照护环境中的许多干扰因素而专注于照护者所说的话和所展示的东西。开始时，他们能够在照护者的腿上坐一会儿，阅读一本纸板书，爬到或者跟跟跄跄地走到一群小伙伴面前看他们跟着音乐拍手跳舞。不久之后，他们就能够长时间地坐下来专心阅读了。

两岁儿童的表现表明，他们已经学会了一些歌曲、诗歌或读过某本书，因为他们会经常纠正照护者的"错误"，或者因为照护者读的内容与他们以往听到的（或者预期的）不一样而感到非常生气。虽然有时候这一点也让照护者很沮丧，但是照护者要把它看作儿童认知发展上的一种进步，把它看作儿童取得的一种成就，并为此感到自豪。

客体永久性。客体永久性是指把人或者物体的形象保存在大脑中，并能够意识到即使看不见、听不到人或者物体，它仍然存在。客体永久性对儿童如何探索和理解周围环境，对他们的记忆能力，以及他们的分离焦虑和陌生人焦虑等问题具有重要的意义。

人们普遍认为，新生儿并不知道他们是独立于世界上的其他事物的，他们认为自己与其他一切是一个整体（Berk，2012）。1—4个月大的时候，婴儿能够用眼睛追随或者追踪出现在视野中的物体。同时，他们表现出客体永久性开始发展的一些迹象，因为当物体从他们的视野中消失后，他们会继续寻找几秒钟。可惜，人们往往把婴儿对物体的理解描述为"眼不见，心不想"。

4—8个月大时，婴儿已经对周围环境中的物体（玩具、书籍、人）非常熟悉了。他们在探索的过程中进行同化和顺应，从而对物体有了更进一步的认知。照护者发现他们会伸手去拿部分被藏起来或者盖起来的东西。婴儿此时已经能够将一些事物保存在记忆中，尽管保存的时间非常短暂。

随着婴儿逐渐能够记住不再出现在眼前的物体和人，他们出现了分离焦虑行为，即当成人离开了婴儿的视线时，婴儿会变得非常焦虑。分离焦虑的出现表明婴儿在认知上的进步，但同时也意味着婴儿无法理解即使成人离开了，他依然存在并且还会回来。儿童的分离焦虑会随着经验的增加和照护者的及时安慰而得以改善。

七八个月大的时候，婴儿的分离焦虑问题明显得到缓解。但随着认知能力的进一步发展，他们会表现出一种新的恐惧：陌生人焦虑。婴儿在前几个月里对人脸的关注和他们记忆能力的提升，使得他们现在能够识别和记住他们最爱和最信赖的人，同时也会注意到甚至害怕不熟悉的人。在这一时期，照护者也可能会注意到，婴儿会去寻找一个滚出视线的球或者一个完全被藏起来的玩具。这种行为表明，他们知道当他们看不到物体的时候，物体依然存在，并且能够在某种程度上推测物体去哪里了。一岁以后，儿童对物体的理解能力迅速发展；到了两岁时，儿童就会以一种"不达目的誓不罢休"的精神去找回被藏起来的玩具。

因果关系。因果关系,是指婴幼儿了解一个行为或事件会引发另一个行为或事件。因果关系理解能力连同记忆能力和理解物体的能力一起,对婴幼儿预测、推理和解决问题能力的发展起着至关重要的作用。儿童会通过实验和操作物品来了解因果关系。

1—4个月大时,婴儿会把大部分时间花在看、听和了解周围发生的事情上,但是并没有真正把行为与其引发的后果联系起来(CDE,2009;Marotz & Allen,2012)。但是,这一时期婴儿的大脑和身体非常活跃。他们挥舞四肢与物体进行互动;他们制造噪声;他们踢打物体,使物体移动;他们做鬼脸并发出声音,然后其他人会予以回应。慢慢地,婴儿会注意到这一点,并开始建立联系:"这是我造成的。"

4个月大以后,婴儿会故意做出一些简单的动作来引起反应。他们发现,当他们敲打托盘上的杯子时,会发出很大的声音;踢腿时,鞋子上的铃铛会"唱歌";用双手拍打浴缸里的水时,会溅起令人愉快的水花。另外,他们也开始注意到照护者可以令一些事情发生。例如,照护者按下一个按钮后,音乐就响起来了。婴儿不仅会注意到这一点,还会让照护者知道,他们希望照护者重复刚刚的行为。

七八个月大时,婴儿热衷并擅长进行因果关系实验。到12个月大的时候,他们可以将许多简单的动作结合到一起来解决简单的感知运动问题。例如,当他们够不到毯子上的玩具时,他们就会把毯子拉得离自己近一些,这样他们就可以拿到玩具了。他们还会使用不同的物体做实验,如一个木勺、一根棍子和一个玩具锤,看用哪一个敲击锅子可以发出最大的声音。

两岁的儿童在探索和解决问题时善于使用因果关系。认知能力的提高使他们能够对可能发生的事情做出预测。记忆容量的增加使他们能够基于对事物工作原理的了解来思考事情为什么会发生。

分类。对事物运作方式的理解，取决于组织和分类信息的能力。分类能力在生命头三年就开始发展了，它对于婴幼儿将来使用符号进行阅读和学习数学至关重要。对物品、经验和人进行分类是对事物做出预期和预测的必要条件，也是有效地解决问题和处理复杂社会关系所必须具备的关键技能。

分类能力发展的第一个里程碑是：婴儿学会了区分人与无生命的物体。小婴儿对周围人的期望明显不同于对环境中其他"事物"的期望。三四个月大的时候，婴儿已经基本上可以将事物分成两大类：有生命的和无生命的。在接下来的几个月里，他们将学会区分熟悉的物体和不熟悉的物体，以及他们认识的人和他们不认识的人。

8—18个月大时，儿童不仅会注意到新奇的物体，还开始分辨出事物之间的异同，这也是一项重要的认知成就。他们会注意到物体和人的特定属性，进而根据事物的一个显著特征将其至少分为两类，例如，将物品分为有噪声的和没噪声的，将玩具分为可以骑乘的（或推拉的）和不可以骑乘（或推拉的）的。

照护者可能会看到一个儿童安静地把罐子里的蓝色珠子全部拣出来，或者另一个儿童从篮子里把所有的卡车拿出来。这两个儿童都关注了事物的一个属性，并利用这个属性将这个事物与其他事物区分开。儿童有时会忘记他们所关注的事物属性，转而关注事物的另一个属性。例如，一个10个月大的小女孩把玩具动物从玩具篮子里拿了出来，一次一个，然后把它们并排放在地板上。在排列了四个玩具动物后，她又把一个玩具小马放了上去。这只玩具小马引起了她的注意。接下来，她把房间里的所有玩具小马进行了排列。在这过程中，尽管她的分类标准发生了改变，但是她始终专注于事物的一个属性：首先是把玩具动物归到一起，然后把小马玩具归到一起。

学步儿很快就熟练掌握了分类能力。他们可以基于物体的一种属性对物体进行多重分类。例如，一个2岁的女孩正在操作大小相同但颜色相异的珠子，照护者走近后发现，她正在全神贯注地把所有的蓝色、黄色、绿色和红色珠子挑出来，每种颜色的珠子各成一堆。她正在按照一种属性（颜色）进行分类，但同时可以看到不同颜色的珠子。

记忆、模仿和回忆。记忆是一个复杂的过程，它随着大脑的发育而发展。婴儿天生就有工作记忆，这使得事物的表征可以在大脑中停留几秒钟（Berk，2012）。例如，刚出生不久处于高度警觉状态的婴儿，在与成人的互动结束了30秒后，会模仿成人的面部表情。在整个婴儿期，工作记忆都在发挥作用，从而促使婴儿能够模仿照护者的扬眉、眯眼、张嘴、吐舌、微笑和皱眉。

长期记忆是指能够长时间储存信息，以便在需要时可以回忆起来。长期记忆有两种：内隐记忆和外显记忆。内隐的长期记忆是指与特定概念和技能相关的记忆，是通过日常经验收集的记忆。内隐记忆的例子包括：已经习得的客体永久性概念让婴幼儿知道"我最喜欢的玩具一定就在这里，我只需要找一找"；储存在大脑中的肌肉运动和平衡信息让婴幼儿把一个球滚回给成人。

内隐记忆是人们的意识所无法检索到的，通常意义上来说，人们也无法回忆起它们，它们只是在那里。外显的长期记忆则是大多数人所认为的记忆，即人们对自己所认识的人、过去的经历以及学到的知识和技能的认知。

由于"婴幼儿健忘症"（infantile amnesia），很多人几乎都不记得他们3岁之前的生活。这个阶段的许多记忆非常不稳定，尤其是在2岁之前，同时它们不受外显记忆的影响。但是，婴幼儿会储存许多重要的内隐长期记忆。同时，由于这个阶段的大脑对神经联结进行了大规模"修剪"，因此婴幼儿外显记忆中存储的大部分内容可能在这一过程中丢失，或者很难从存储的记忆中被检索出来。

目前的研究证实，6个月大的婴儿就开始形成稳定的外显记忆，并能够回忆起过去24小时内的行为。就像大脑快速发展一样，这一时期的记忆能力也在快速发展。9个月大时，婴儿就能准确地回忆起过去一个月的信息；20个月大时，婴儿差不多就能记住一年前所发生的事情（Bauer & Pathman，2008）。因此，儿童年龄越大，他们的记忆和回忆能力就越可靠、越强。

身心联系：感知运动的整合发展

大脑中控制感觉的系统，如视觉、听觉、嗅觉、味觉、触觉和本体感觉（身体在空间中的感觉），与大脑中控制大小肌肉生长和发育的系统是整合发展的。随着感官的发展，婴幼儿把他们的身体作为探索、接触和理解世界的一种方式；因此，就有了"感知运动"一词，或称"感觉统合"（Shonkoff & Phillips，2000；Shore，2003）。通过感觉统合，婴幼儿的肌肉控制和协调能力以及平衡能力都得到了发展，这些能力对于婴幼儿的目标导向行为至关重要。

知觉能力发展

健康的感知觉发展，与婴幼儿如何通过活动及其与周围环境中的人、物互动处理感知信息有关。从出生的那一刻起，婴幼儿就已经准备好去理解这个世界了。

新生儿的味觉、听觉和嗅觉在出生前就已经有所发展，并且相当灵敏。他们的嗅觉发展得非常好，能把自己妈妈的母乳和其他的区分开来。如前所述，他们也能把父母的声音与其他成人的声音区分开来。与其他感知觉不同，新生儿出生时其视觉能力非常有限。此外，还有一种"隐藏"起来的感觉，即本体感觉，它也是在出生前就开始发展了。当胎儿在妈妈的子宫中挥动四肢时，他们便开始发展位置感，理解身体是如何在空间中移动的。

在出生后的最初几周里，婴儿一般能非常清晰地看到距离他们20—30厘米远的物体和人脸。这个距离刚好是他们能看清抱着他们的父母的脸的距离。在这个距离以外，他们看到的事物则是模模糊糊的。婴儿天生对光线非常敏感，所以各种颜色都会被过滤掉。不过，新生儿可以将注意力集中在他们眼前左右移动的玩具或小物件上。三四个月大时，婴儿的视力、深度知觉和观看颜色的能力都得到了提高。此时，大多数婴儿都可以清楚地看到房间里的所有颜色。他们还可以用眼睛追逐物体的上下和水平移动。

大脑让所有感官可以同时工作，大多数婴儿也可以同时处理从多种感官输入的信息。但是，照护者要注意婴儿周围的视觉、听觉和嗅觉信息不要太多。当小婴儿无法处理这么多信息时，一些婴儿会选择闭眼、转头和睡觉来避免信息输入；另一些婴儿则会变得极其不安和焦虑。大一点的婴幼儿也会因过多刺激而变得困惑不安、哭泣或表现出不适宜的行为，因为他们根本不知道如何快速处理一起涌向他们的所有输入信息。了解自己所照护的每一个婴幼儿，并能够及时调整物理环境来满足他们的需求，对照护者来说至关重要。噪声、杂物、气味或照明都可能需要调整。随着互动和经验的增加，照护者将能接收到婴儿发出的"信号"，知道他们对不同感觉刺激的敏感性，并及时做出最佳反应（Elicker, Fortner-Wood, & Noppe, 1999; Lally & Mangione, 2008）。

运动能力发展

在身体发育的同时，婴幼儿的精细动作和粗大动作也在发展。我们将其称为运动能力发展，强调这一发展与运动有关。精细动作技能与身体的小肌肉有关，如手指、脚趾和嘴唇；粗大动作则与大肌肉有关，如手臂和腿。对0—3岁的婴幼儿来说，随意控制肌肉的能力以及平衡和协调能力都非常重要。它们使小婴儿可以翻身、爬行、抓取玩具，使大一点的婴儿可以迈出第一步和自己抱着奶瓶喝奶，使学步儿可以奔跑、跳跃、翻书和用手指画画。

就像其他能力的发展一样，儿童的运动能力发展早在出生前就开始了。当胎儿在妈妈的子宫里"游泳"时，他们锻炼了肌肉，并在大脑中建立了联结，了解了移动的感觉。在出生后的最初几个月里，婴儿会踢腿、晃动手臂、左右转动头部，甚至能把头稍微抬起来一会儿。

婴儿的大多数动作都是随机的、不受控制的，并且他们在出生时就拥有一些反射动作。这些反射动作建立并增强了大脑与身体之间的联结。它们是婴幼儿与生俱来的回应和移动的方式，它们在大脑中建立并增强了神经通路以促进婴儿学习生存所必需的行为。例如，觅食反射帮助新生儿找到乳房的乳头或者奶瓶的奶嘴，然后吸吮反射帮助婴儿获取营养。

6—8周大的婴儿身上仍然存在许多重要的反射，他们是我们在集体照护环境中看到的最小的婴儿。反射动作和随机、偶发的运动是未来所有的动作控制能力及感觉统合能力发展的重要基石。例如：

- 小婴儿反射性地握住照护者的手指，照护者对他笑一笑并对他说一些话，这让小婴儿感觉非常愉快。
- 婴儿在婴儿车里快乐地随意晃动手臂，当他的手碰到了一个玩具时，玩具就转动起来，这引起了他的注意。之后，他又随意晃动了几下手臂，玩具再次转动起来。

我们可以看到，在这两种情况中，反射动作为婴儿的肌肉控制能力发展奠定了基础。大脑会把婴儿的感知，比如，感受照护者的手指、听到自己发出快乐的声音、看到玩具转动，与和令人愉悦的相关肌肉运动联系起来。之后，婴儿只需要花费一些时间重复这些运动，就能够增强大脑中的这一神经通路。

空间意识

空间意识对 3 岁以下的儿童来说非常必要,它让他们知道如何把身体从这里移动到那里、弄清楚怎样借助身体把远处的玩具拿到手里、记住卫生间在游戏区的什么地方、判断一个物体或另一个人离他们有多远或多近、确定物体和他们自己的移动速度。空间理解能力的发展是通过不断重复的活动,主要是感知运动游戏来实现的。在这些活动中,知觉系统和运动系统和谐运作。

空间理解能力是影响儿童学业学习的一项重要能力。它是架构和组织书面作业的基础,也与大脑解决复杂的数学问题和逻辑问题有关。0—3 岁婴幼儿照护者可以通过使用与位置有关的词语来支持儿童空间概念的发展,如上、下、快、慢、这里、那里、上面、下面、右、左、前、后。

存在与归属感:社会性与情绪发展

婴幼儿的社会性发展与情绪发展紧密相连。婴幼儿对自己和他人的感觉会极大地影响他们是否积极地参加社交活动,而社交活动反过来又会影响他们的情绪。社会性发展包括婴幼儿逐渐认识到自己独立于他人,同时与他人进行互动;情绪发展则是指婴幼儿逐渐理解并管理自己对自身、他人和世界的感觉。

在早期教育领域中,人们长期认为,0—3 岁婴幼儿照护者专注于儿童的社会性和情绪发展是确保儿童获得积极发展成果的基础。它关系到儿童现在是谁,将来是谁;关系到儿童能否成为成功的学习者、负责任的公民和快乐、适应能力强的人(Honig,2002;Hyson,2004)。以下话题描述了婴幼儿复杂的社交和情感生活。照护者在观察、计划和支持婴幼儿的情绪和社会能力发展时,可以思考这些话题。

自我意识和他人意识

自我意识是指意识到自己是谁,即自己的身份。研究表明,新生儿没有自我意识(Berk,2012;Eisenberg & Mussen,1989)。在生命的最初几周,他们常常被描述成"与宇宙合一",因为他们没有把自己与周围环境中的其他事物分开的意识。然而,经过几周的时间,他们就能区分他们的父母或主要依恋对象是谁,并感觉自己与他们是一个整体——这是我的父母(主要照护者)和我,然后是其他人。

大约4个月大时,婴儿已经有足够的经验,同时他们对物体的理解已经使他们明白,他们与父母或主要照护者是分开的。但是,父母或主要照护者是婴儿所有安全感和信任感的源泉,也是该阶段婴儿最重要的发展需要和关注点。由于这种依赖性以及对事物认识的不断发展,婴儿可能会出现分离焦虑。意识到自己与父母或主要照护者并不是一体的而是彼此独立的,加之父母或者主要照护者偶尔地消失不见,这会让婴儿感到困惑和不安。

八九个月大时,婴儿开始爬行和走路,并沉迷于进行感知运动的探索活动。这一时期,对于陌生人,他们可能表现出焦虑、一定的戒备或者好奇,因为此时他们能够把人分为四类:(1)我;(2)我的父母或主要照护者;(3)我认识的人;(4)我不认识的人。

学步儿时期,儿童开始表现出真正的自我认同。众所周知,他们会通过表达自己强烈的情绪、观点、偏好、欲望和需求来要求独立,即使他们还没有理所当然地或适宜地获得自主权。与此同时,学步儿也更加意识到自己的个性,并越来越有能力表达它。他们还更加具有社会意识,能够关心周围的人,对集体照护环境和家庭具有一种归属感,知道集体照护环境中的每个成员,并表现出强烈的集体从属感,同时展现对特定朋友的偏爱。此外,他们还喜欢观看和展示家人的照片。

自信和自尊

自信和自尊是两个经常被放在一起讨论的独立概念。一个人若想要变得自信，就必须确定无疑地相信自己能够成功地做一些事情。坚信自己是艺术家的学步儿，在画架前会毫不犹豫地选择画笔，迅速地开始作画；对自己的攀爬能力自信的可移动的婴儿在爬上滑梯时，会把照护者的手推开；对自己的平衡能力自信的小婴儿会自己坐直。成功会引发下一次成功，帮助婴幼儿建立自信。只要失败和挫折不是持续的，那么自信能帮助婴幼儿忍受这种失败和挫折。

自尊是指人如何看待或认可自己，或者更简单地说，人是否喜欢或爱自己。婴幼儿会从照护者那里得到一些重要的信息，例如，他们是否可爱、他们和他们的家庭是否被接受，这些都会影响儿童自尊的形成。

对学步儿来说，由于他们越来越多地参与社交互动，他们的自尊也因此变得复杂。他们的心智理论逐渐发展，即认识到其他人也有思想、信念、意图和感觉，并且可能和自己的不同（Flavell & Hartman, 2004）。两三岁的学步儿意识到，就像他对同伴有自己的看法一样，同伴对他也会形成一定的认识。

从文化的角度来思考自信和自尊的培养，这一点非常重要。照护者应该与家长讨论是否以及如何鼓励婴幼儿自信和自尊的发展。例如，在某些文化中，人们重视尊重他人甚于自尊。在另外一些文化中，人们担心，过于自信的儿童可能会变得自负或者过于独立。

与他人互动

一旦婴儿了解了因果关系，他们就会明白，如果他们采取一些行动或者尝试与他人进行交流，那么就可能引起回应。他们与照护者有无数面对面交流的机会，在这种交流中，婴儿掌握了与他人一来一往进行对话的舒服节奏。当可移动的婴幼儿开始四处移动时，他们很快也会知道其他行为会引起反应，有时甚至是消极的反应。不久，儿童就会发现，这些回应和反应都与他所做的事情有关。正是基于这些经验，学步儿进一步认识到，他们在一个社会群体中所做的事情会引起反应，他们的言行会导致一个结果。这是一个关键的社会性发展成就。

气质。儿童所处的环境以及环境中人们的回应和反应，影响着婴幼儿早期的社会交往和行为。对 0—3 岁婴幼儿照护者来说，了解气质对婴幼儿社会行为的影响非常重要。

气质描述了个体与世界互动的独特方式。每个人都天生具有某种气质，并在与环境的互动中，发展自己的个性。了解所有孩子的气质，可以帮助照护者指导儿童的社会互动。照护者也需要知道自己的气质，以及自身所特有的回应方式与集体照护环境中其他成员的气质是否相契合。照护者有责任调整自己的风格以适应和回应婴幼儿，而不是让婴幼儿来适应自己。

气质有许多特征，大多数人都处于两个极端之间：

- 活动水平：非常活跃，或者非常平静、放松。
- 节律性：身体机能（如进食、睡眠、排便等）规律或者不规律。
- 趋避性：非常轻松地接受陌生人和新活动，或者回避陌生人和新活动。
- 适应性：轻松地适应变化、过渡，或者抵制变化，很难过渡。
- 反应强度：对刺激做出强烈或平静的反应。
- 心境：倾向于明显积极或者消极的观点，或者更平和。
- 坚持性：即使任务非常困难，也能够坚持完成，或者很容易就放弃。
- 注意分散性：容易分心或能够轻松地屏蔽外部刺激。
- 感觉阈值：被某些感官刺激（如噪声、光线、某些衣料的质地）打扰，或者没有感觉。

婴幼儿的气质类型包括：易养型/灵活型、慢热型、难养型。照护者应了解婴幼儿的气质类型，并利用这些信息来了解婴幼儿和制订计划，同时促进婴幼儿的社会互动。不过，有一点很重要，就是不要给婴幼儿贴标签，要更为具体地看待儿童的气质类别。

同伴交往。 在集体环境中，3个月大的婴儿就可以进行积极的同伴互动。可移动的婴儿已经可以表现出明显的同伴偏好，尽管这一现象在2岁及更大的孩子身上更为常见（Riley et al., 2008）。同伴对婴幼儿的情绪健康和应对社交难题至关重要。同伴关系会随着时间而发展。当小婴儿到达项目时，他们开始对同龄人表现出兴趣并有所关注。可移动的婴儿即使很少与某一个同伴玩耍，但是当他们看到这个同伴早上到达项目时，他们会变得特别兴奋；学步儿则能注意到朋友没来项目，并想念他。

学步儿时期，儿童逐渐有能力主动提议进行社会互动并做出回应。开始时，他们喜欢在同伴附近玩耍。随着时间的推移，同伴之间的互动、交流和玩具互换行为逐渐增多，最终发展成两两合作游戏或者小组合作游戏。建立社会关系以及与同伴一起玩耍，与独立的感知探索活动截然不同。这一时期，儿童的社会交往和游戏往往充斥着儿童的不同情绪和情感，他们有可能感到受伤了，也有可能感到困惑。随着时间的推移，在照护者的耐心指导和反复强化下，儿童将学会与同伴进行积极的社会互动。

亲社会行为

学习亲社会而非反社会行为可以帮助儿童与他人成为朋友，为集体中的其他人所接受，成为有社会能力的人。"无论是儿童还是照护者，如果能够在集体中为儿童的交流和行为创设积极的环境氛围，并帮助不同儿童形成积极、可区分和外向的行为方式时，集体中所有儿童就都会具有亲社会性"（McMullen et al., 2009, 21）。照护者要高度重视0—3岁婴幼儿的亲社会行为，包括关怀、友谊、同情、移情、分享、合作、轮流、公平、亲切、倾听、帮助、善良和诚实等。

为了促进婴幼儿亲社会能力的发展，照护者首先必须非常懂礼貌、有爱心，并且可以在日常生活和行为中做到这一点。向照护者学习是发展儿童亲社会能力的第一步（Eisenberg & Mussen，1989；Noddings，2003）。儿童通过与体贴的照护者之间的互动和交流来学习如何友善地回应。因此，照护者的尊重可以帮助儿童了解自己的价值，进而了解如何评价和尊重他人。

学会尊重、欣赏和珍惜他人，对于儿童移情能力的发展也至关重要。广恩和维恩（Quannand & Wien，2006）将儿童移情能力定义为"观察他人感受，并能够关心和回应他人"（22）。爬行期婴幼儿就已经可以理解自己的情绪，并且感受他人的情绪体验（Gordon，2009）。当看到一个婴幼儿试图把掉落的玩具还给另一个为此心烦意乱的婴幼儿，或者一个学步儿试图拥抱其哭泣的朋友时，照护者就知道儿童已经具备了这一能力。亲社会发展和移情能力是儿童是非、善恶等观念以及照顾他人等能力发展过程中的重要组成部分，也是他们学习做人和社会生活的组成部分。

情绪发展

情绪发展包括婴幼儿对自己、他人和周围世界的感觉。0—3岁婴幼儿情绪发展的主要任务包括建立安全感和信任感、理解情绪、标记或命名，并最终学会情绪调节和管理，尤其是在极端情绪处理上。与情绪发展紧密相关的是人们对世界细节认识的日益增长。同时，这也是审美意识发展的一部分，因为婴幼儿会发现某些事物比其他事物更令人感到愉悦或更具吸引力。

依恋

本章前面所概述的0—3岁婴幼儿发展适宜性实践的原则（见"实践指导原则"）是以"关系"为基础的，也就是说，最好是在强有力的、支持性关系中完成。婴儿形成的第一个也是最重要的关系是与他们"依恋对象"之间的关系。婴儿会与一个或多个人建立密切的情感纽带，并且长时间保持。这些关系会促进婴幼儿安全感与信任感的发展，并对其健康情感的发展至关重要。安全的依恋关系与社会情感健康、大脑发育、社交能力和自信等的积极发展结果相关（Honig 2002；Raikes & Edwards，2009）。

在不破坏亲子之间情感纽带的前提下，婴幼儿可以形成对不止一个依恋对象的安全依恋（如父母和其他照护者）。在集体照护中，敏感、及时地回应儿童可以帮助儿童与照护者之间建立安全的依恋关系，并促进儿童自我价值感和信任感的发展（Lally & Mangione，2008；Mann & Carney，2008）。相反，照护者的不断更换和亲密关系的打破会危害儿童的安全感和信任感。帮助儿童稳固安全感和信任感的重要方式就是，建立起持续的婴幼儿照护系统，并为个别儿童和家庭提供专职的照护人员（Lally & Mangione，2008；Raikes & Edwards，2009）。

情绪调节

情绪调节能力在婴儿期就开始发展，这一能力具体包括耐心等待需求被满足、避免以不恰当的方式冲动行事、管理极端情绪等。情绪调节能力不是控制情绪，而是学会以恰当的方式理解和表达情绪（Hyson，2004）。这些技能可以促进个体的情绪调节和能力发展。照护者的关键作用就在于帮助婴幼儿学习何种情绪表达是社会可以接受的，并为其提供相应的词汇。敏感的照护者早在婴儿能够口头表达情绪之前，就已经熟悉了婴幼儿的情绪状况，并能够提供词汇来帮助婴幼儿内化快乐、生气、悲伤等概念。

照护者应该迅速并且敏感地回应婴幼儿的需要，从而支持他们自我调节能力的发展。需求能够始终得到满足的婴幼儿，可以在不得不等待的时候发展出一定的自我安慰方法，即学会自我满足，他们相信照护者迟早会过来。然而，焦虑的儿童，或者无法预测何时或是否会有照护者回应的儿童，其自我调节能力发展会更为迟缓。与父母有不安全（回避型）依恋的儿童，以及那些脾气暴躁的儿童在学习自我调节上也会存在一定的困难。

交流：语言、读写能力和数学理解能力的发展

在生命的前三年里，儿童很快就能够理解语言的含义，并且使用语言或非语言的方式进行交流。理解语言和有效地与他人沟通，是儿童理解和掌握符号来表征意义的基础。

接受性语言和倾听

接受性语言是指儿童以口语或符号的方式理解信息的含义。照护者可以通过使用音乐或节奏与儿童进行交流或传达情绪。婴儿在出生前就已经能够听到声音，因此其听觉和感知能力发展良好。尽管这个能力在后来发展中会慢慢消失，但其大脑感觉神经元已经成功建立了联结，使其能够听到人类所有语言中存在的所有音素（语言中最小、最基本的声音单位）的声音。婴儿已经做好了融入任何家庭和地区并开始学习语言的准备（Bjorklund，2011）。

良好的语言和发音环境能够帮助婴儿很快建立起对语言的理解。与婴幼儿谈论环境中正在发生的事情、与他们合作、在照护过程中与婴幼儿交谈、通过命名来帮助婴幼儿识别物体，这些都是建构接受性词汇的有效办法。同样地，与婴幼儿一起读图画书或诗歌、唱歌或韵律游戏等，

也可以教导婴幼儿学习语言节奏和感受语境，以及了解词汇是如何组合在一起的。

我们无法正确估计婴儿在开始说话之前所掌握的词汇量，但我们可以知道的是，婴幼儿所理解的词汇量远比其所能够说出的多很多。一个只有4个月大的婴儿，当他看到其他人板着脸清晰地对他说"不"的时候，他很快就能明白这个词语的意思。8个月大的婴儿越来越注重语音，并经常仔细地倾听他人所讲的内容，还可以把自己的母语从其他语言中区分出来。

8—18个月大时，儿童已经可以识别许多熟悉物体的名字，如球、钥匙、狗，并且可以按照简单的指示进行操作，例如，"请给我一杯水"或"给我看你的肚脐！"到18个月大的时候，我们认为，儿童已经能够记住100个单词。如果是在熟悉的环境中听到新单词，那么大多数儿童一天就可以学习10个或者更多的新单词（CDE，2009；Marotz & Allen，2012）。

表达性语言

表达性语言是指能够通过语言或非语言（手语或肢体语言）进行交流的语言。具体包括认识和理解词语、数字、标签以及符号，并利用这些进行交流。儿童读写能力和数学技能的发展与其表达性、接受性语言的发展水平密切相关。

不会说话和很少说话的儿童，其主要语言是哭泣。婴儿的啼哭在出生后几周就会变得可以区分，这大约也是开展集体照护最早的时间。熟悉婴幼儿的照护者能够从哭声中识别出每个婴儿的饥饿、无聊、痛苦、愤怒、疲倦和恐惧，并认真对待婴儿的哭闹，及时做出反应。用手温柔地抚摸婴儿，同时说一些安慰的话表达了对婴儿的尊重。

在社交场合中，2个月左右大的婴儿就能够对人微笑，并发出特有的咕咕声。这一阶段的儿童已经准备好并且愿意成为他人的交谈伙伴。照护者应该尽可能多地与婴儿进行面对面的交流和互动,帮助婴儿建立人类对话的模式和节奏。3—6个月大时,婴儿开始玩弄舌头和嘴唇,从而发出低沉的咕咕声。这些活动会刺激儿童相关肌肉的发展,为儿童说话奠定了生理基础。

6—9个月大时,婴儿从咕咕哝哝变成咿呀学语,进行"dadadada""mamamama"和"b-b-b-b"等辅音的重复。经过几个月的练习后,婴幼儿可以在重复的辅音上添加短元音和长元音。我们可以听到他们发音的变化,这听起来很像在说另一种语言,或者在模仿他们的父母或是照护者讲话。与此同时,当他们不想要什么东西时,他们可能会开始摇头或暗示。例如,不想吃了或在换尿布时,他们会着重、明确地表达自己的想法。

9—12个月大时,婴幼儿会使用单字来指代物体、人或动作,如"狗""拜""哦"等。照护者会发现,这一时期的学步儿在模仿别人说话的同时,还会模仿别人的语调。在这一发展阶段的末期,儿童可以使用由两个词语组成的句子,通常由一个名词和一个动词组成,抑或是一个问题或请求,如"去玩吧""更多牛奶""妈妈去哪里了?"甚至有些短句能够传达出比儿童刚学会说话时更为深层次的含义。例如,儿童泪水涟涟并带着极度忧虑的表情,说"爸爸去吗?"

在这之后,表达性语言会得到迅速发展。许多儿童在12—18个月大时,能够说出7~20个成人可以听懂的词语;2岁时,超过50个;3岁时,200~300个。

早期读写与数学理解能力

读写和数学理解的习得建立在语言习得的基础上。理解和使用符号进行阅读、书写和运用数学都需要进行实践。最好的办法便是,通过符号游戏来完成。选一个物体来代替另一个物体,例如,用一块积木代表一部手机、用一把木勺代表一根魔杖。经常阅读绘本的儿童一般特别喜欢某一个故事，照护者可以要求儿童指出绘本中的某个细节，或者等到儿童12个月大时，照护者可以让儿童使用蜡笔和彩笔进行涂鸦和着色，这些经验都有助于帮助儿童理解他们所讲述的内容与书面符号之间的关系。

数感是对数字作用原理的理解，是日常生活中使用数字和解决问题的必要技能。照护者可以在环境中帮助儿童学习接受性词汇，并理解数字、数量、速度、距离、大小和比较等数学概念。和儿童一起做拼图、排序、分类、堆叠和计数是建立数感的有效方法。

本章内容的目的是让0—3岁婴幼儿照护者对儿童发展领域中的概念和话题有一个大致的了解，从而帮助他们开展重要的工作。这里的每个话题都可以单独写一本书！因此，对照护者来说，继续进行阅读、获取相关资源、参加研讨会和课程、了解早期教育领域中最新资源都非常重要，这些有助于促进照护者对相关话题的理解及思考，从而提高自身的照护水平。

第四章

发展适宜性案例

发展适宜性实践框架来源于对儿童早期如何发展和学习的研究和经验。该框架的主要观点在立场声明中进行了强调，并在第三章中进行了总结。没有什么学习工具比案例更能阐明观点，因此以下图表提供了更多关于婴幼儿实践的案例。

该图表涉及对婴幼儿照护特别重要的六个领域的发展适宜性实践：照护者与儿童之间的关系、环境、探索和游戏、生活常规、与家长之间的互惠关系以及政策。这里提供的一组案例并非详尽无遗，我们的目标不是全面地描述最佳实践，而是试图捕捉人们在优秀早期教育项目中看到的实践的主要方面。与之相对，关于那些在某些方面没有达到高质量水准的项目，我们的目标也不是呈现需要严格遵守的规范性公式，相反，这些案例旨在鼓励读者反思他们的实践，因为孩子们的家庭背景、喜好和需求各不相同，所以在照护孩子时，养成深思熟虑的习惯至关重要。

在图表的左栏中，在"发展适宜性实践"标题下面，是与现有研究相一致的实践案例，该领域的大多数人认为它们可以促进婴幼儿的最佳学习和发展。"反例"栏中的案例旨在帮助读者清晰地看到那些成人努力为孩子做却总是做不好的事情，从而帮助他们进行反思。许多"反例"在婴幼儿时期非常普遍，其中一些做法是危险的，会对儿童造成持久的伤害，一些做法虽不太可能对儿童造成严重伤害，但也不太可能促进他们的最佳发育，有时不同的情境会影响实践的运用与调整。

解释部分将扩展上方图表中给出的实践案例，其中许多解释部分都提到在确定实践时需要考虑的文化因素。对任何年龄组而言，文化因素都很重要，尤其是对婴儿和学步儿来说更为重要。在生命的前三年，儿童正在学习他们是谁以及他们属于何处。因此，婴儿和学步儿与照护者在照护环境中的经历需要与家长希望他们学习的东西相协调。实现项目与家庭之间的和谐是通过尊重和回应每个家庭的文化偏好来实现的，并在最佳实践框架内进行协商。

最后，大多数案例都描述了照护者该做什么或不该做什么，然而，"反例"并不意味着有缺失或有问题的照护都是照护者的过错，大多婴幼儿照护者都在辛勤地工作，并付出了最大的努力，但常常受到极具挑战性环境的限制，包括有限的培训、师幼比不足、低薪酬、高人员流动率和资源匮乏，希望本章内容有助于他们的努力。

婴　　儿

发展适宜性实践	反例
照护者与儿童之间的关系	

主要照护和照护的持续性

有足够的连续性照护，以确保每个婴儿及其父母可以与一个或两个主要照护者形成积极的关系。	• 婴儿被照护者从一个小组转换到另一个小组或由任意一个有空闲时间的成人照护。
婴儿的主要照护者十分了解孩子及其家庭，因此能够回应孩子的个人气质、需求和发出的信号，并与孩子和家长建立一种彼此满意的沟通模式。	• 照护者不熟悉婴儿偏好和发出的信号，因为他们没有一直照护同一个孩子。 • 照护者没有将与家庭建立关系作为一项工作，他们甚至认为与家长建立温暖的关系是不专业的。

发展适宜性实践	反例
照护者与儿童之间的关系	

发展适宜性实践	反例
主要照护者都会在清晨热情地欢迎婴儿及其父母,他们在孩子身边根据需要帮助孩子成为小组中的一员,父母和孩子的平稳分离是常规生活的一部分。	• 照护者匆忙地接过孩子,没有予以他们个别关注,婴儿被迅速安放在婴儿床或婴儿座椅中,很少或没有与照护者互动。 • 照护者热情地接待孩子,却忽视了对接送他们的家庭成员的关注。

> 关于主要照护和照护的持续性的解释:
>
> ——主要照护意味着每个孩子仅由同一个或两个成人照护,以便照护者更加了解孩子,使孩子与照护者形成强烈的情感纽带(依恋);持续照护意味着孩子在几个月的时间里(如果可能,年复一年地照护)与一组同龄人由一名主要照护者照护。如果照护者频繁更换,那么婴儿要么无法形成依恋,要么需要不断地处理分离问题,这可能会使婴儿和家长都感到不安全。
>
> ——有些文化倾向群体依恋,孩子们将自己视为群体中的一部分。这样,婴儿可能同时有多个照护者,但这些关系是稳定的。
>
> ——回应性和一致性的婴儿照护不仅取决于照护者,还取决于政策中优先考虑的项目(参见"政策")。

互动

发展适宜性实践	反例
照护者一天中大部分时间都会拥抱或抚触婴儿,与婴儿进行一对一的温暖互动。照护者抚触、轻拍婴儿,用愉快、平静的声音说话,经常与婴儿进行眼神交流。	• 照护者将婴儿长时间放在婴儿床、围栏或座位中。他们遵循"不接触"的方针,忽视了抚触对儿童健康发展的重要性。 • 照护者与婴儿的互动是严厉或冷酷的,他们忽视了婴儿不想被抱或抚触的信号,或者他们给予某些孩子更多的关注和温暖(例如,在家庭照护中,偏爱自己的孩子)。
照护者会了解并观察每个婴儿给出的信号,因此他们能够判断婴儿什么时候需要进食、什么时候感到不舒服,或者什么时候想被抱着。每个婴儿都能获得相应的照护。	• 照护者依据自己的日程安排或偏好而不是婴儿的日程安排或偏好给予关注和照护。
照护者始终一致地回应每个婴儿对食物和舒适的不同需求。随着时间的推移,婴儿对照护他们的成人产生信任,他们从中总结出,世界是一个安全的供他们探索的地方,他们自己也是可爱的和有价值的。	• 照护者对婴儿的回应不可预测,或者根本没有回应,或者以对孩子不关心或不适应的方式予以回应。

发展适宜性实践	反例
照护者与儿童之间的关系	
照护者知道婴儿对彼此感到好奇，他们刚刚开始培养社交技能。因为触摸是一种自然的冲动，照护者允许感兴趣的婴儿互相探索，同时确保他们温柔地对待彼此。	• 照护者不允许婴儿互相接触，即便他们采用轻柔的方式。 • 当婴儿之间没有兴趣互动时，照护者会强迫他们一起游戏。当一个孩子对另一个孩子举止粗暴时，照护者没有采取任何行动来保护受伤的孩子。
照护者尊重婴儿的个人能力，并在每个婴儿发展新能力时做出积极的反应（即他们不会为孩子提供超出他们需要的帮助）。婴儿体验到照护者因他们的成就而产生的喜悦，感受自身能力并享受掌握的新技能。	• 照护者强迫婴儿发展技能，即使他们呈现出没有准备好的状态。 • 照护者为婴儿做一些婴儿自己能做的事情，或在一点帮助下自己就可以完成的事情。

> **关于互动的解释：**
> ——有大量证据表明，一对一的互动可以使儿童和成人在身体上（例如，抚触、凝视）和情感上保持紧密的联结（Honig，2002）。与此同时，并非所有文化都重视这种互动。例如，一些文化通过眼神交流建立亲密关系，另一些则不然。
> ——重视语言交流的文化会密切关注并鼓励婴儿发声，但注重婴儿与家庭成员经常进行身体接触的文化中，互动是通过肢体语言而不是口头语言发生的。
> ——为了让两个婴儿能够安全地进行身体互动，照护者经常将他们一起放在地板上。如果他们经常被照护者怀抱，可能引发其家庭成员的不适，因为他们很少在地板上或者如此接近地与婴儿一起游戏。
> ——希望婴儿对自己和个人成就感觉良好，这在重视谦逊的文化中被视为骄傲自满。

尊重婴儿作为独立个体

照护者经常与婴儿谈论正在发生的事情（例如，"我正给你穿外套，这样我们就可以出去玩啦"），特别是对一个稍微能理解的大一点的婴儿。照护者会像对待成人一样对待每个婴儿，也就是说，照护者尊重孩子不仅仅是作为一个"正在成长"的人，而且作为一个已经"存在"的人，即他们有自己的偏好、情绪和想法。	照护者在没有解释原因的情况下移动婴儿，有时是突然移动，有时是在成人方便的时候移动。他们表现得好像孩子是一个麻烦，或者是像玩偶一样可爱的物体而不是独立的人。

发展适宜性实践	反例
照护者与儿童之间的关系	
照护者对孩子的身体及其功能持健康、接纳的态度。	照护者说话或行动的方式向婴儿暗示自己不会接触他们的身体并且对他们的身体功能感到厌恶。
照护者根据每个婴儿的个人喂养和午睡时间表进行调整,他们尊重每个婴儿的饮食偏好、风格。	照护者的日程安排非常严格,是根据自身需求而不是孩子的需求来安排的。

> *关于尊重婴儿作为独立个体的解释:*
> ——将婴儿作为被操作的对象,不尊重他们,不告诉他们发生了什么,会破坏他们的安全感和控制感。当他们不能理解、不能参与活动时,他们就不太愿意合作。
> ——每个婴儿都是有好恶的个体,照护者可以通过询问婴儿的家庭成员来了解每个婴儿偏好的食物及饮食方式。

沟通

发展适宜性实践	反例
认识到婴儿是通过哭泣和身体运动来进行交流的,照护者以平静、温柔和尊重的方式回应婴儿的哭泣或呼唤。	照护者将孩子的哭闹视为麻烦事,忽视哭泣或错误地回应哭泣。
照护者观察、倾听婴儿发出的声音并予以回应;照护者模仿孩子的发声,并将这些声音视为沟通的开端。	照护者是粗暴和不专心的,忽视孩子的声音。 照护者虽然注意到孩子的发声,但他们不会等到婴儿说完后才开始讲话(即成人与婴儿"交谈"时不会遵从讲话的顺序)。
照护者经常与婴儿谈话、给婴儿唱歌或者与婴儿共读,在婴儿理解语言之前,这就已经成为成人与孩子交流中至关重要、活跃的一部分,这对婴儿的语言发展也很重要。	照护者不加区分地使用语言,要么太多要么太少,而且他们在与婴儿的谈话中使用的词汇非常有限。

> *关于沟通的解释:*
> ——当哭闹的婴儿得到照护者的回应并且他们的需求很快得到满足时,哭闹的次数就会减少。在婴儿被照护者持续抱着的文化中,婴儿往往哭得更少,因为他们以不同的方式传达他们的需求。

发展适宜性实践	反例
环　　境	

感官环境

发展适宜性实践	反例
游戏区为孩子们提供不同的触觉体验机会（例如，不同层次的柔软区域和坚硬区域）。	• 柔软区域和坚硬区域之间没有地毯。游戏区是无菌的、易于清理的，但缺乏不同的质地或层次。
从婴儿视角出发，视觉环境具有很好的平衡性，它整洁美观、令人感到愉悦。	• 墙上贴满了海报和其他物品。视觉上给人压倒性的环境给婴儿造成了混乱感，使他们很难专注于任何一件事，甚至可能使他们易怒。 • 周围环境枯燥乏味。
照护者从婴儿仰卧的视角对空间进行了安排和装饰。	• 婴儿的视线中没有任何的直观展示，或者这种展示使婴儿感到不舒服（例如，明亮的顶灯）或过度刺激（例如，沿着婴儿床墙壁摆放色彩鲜艳的书籍），使婴儿无法躲闪。 • 照护者提供视觉元素（例如，在婴儿床上放风铃）以娱乐婴儿，替代与其他婴儿和成人的适当社交互动。
环境融合动静元素，为了判断什么是恰到好处的声音，照护者会在婴儿的反应中寻找线索。照护者播放婴儿喜欢的音乐和其他录音。	• 照护者经常大声播放他们喜欢的音乐，婴儿发现声音环境过度刺激或注意力不集中（例如，婴儿难以专注于说话声并听到他们自己的声音）。

> 关于感官环境的解释：
> ——硬地板为婴儿提供了体验重力和学习运动、感官技能所需的反馈和阻力。柔软的地面很好，但当整个环境变软时，婴儿较难移动（如翻滚、爬行）。
> ——尽管婴儿的视力不及成人，但婴儿在出生时就具有一定的视觉能力，而且在出生后的头几个月里大大改善。4—5个月大的时候，婴儿通常能认出熟悉的面孔，并能很容易地分辨明暗。
> ——虽然相对安静的环境对大多数婴儿来说是理想的，但那些来自充满人、噪声和活动的家庭的孩子会习惯于那些可能让另一个孩子感到痛苦的环境。

发展适宜性实践	反例

环　境

游戏空间

发展适宜性实践	反例
游戏区域是舒适的：它们具有柔软（例如，地毯）和坚硬（例如，乙烯基地板）的表面。舒适的成人家具可供照护者/父母和婴儿一起放松。	• 没有一个区域可以让成人舒适地与婴儿坐在一起。
区域大小适合婴儿的年龄和群体中婴儿的数量：年幼的婴儿有小而适宜的区域，因此他们可以感到安全。年龄较大的婴儿既喜欢自己安静地游戏，也喜欢和其他婴儿一起游戏。他们要有足够的空间自由移动（例如，翻身）。一旦他们能够移动，他们就有空间滚动或爬向有趣的物体。	• 空间较大而且是开放的，使婴儿感到不安全。 • 对正在学习移动身体的婴儿来说，空间狭窄或不安全。
为可移动婴儿准备的开放区域（室内和室外）鼓励他们测试大肌肉运动技能，以及与球、推拉玩具、手推车和其他大型游乐设备的协调能力。此外，也有安全的、大小适当的攀爬结构、坡道和台阶。	• 照护者只允许婴儿在户外玩球和其他的移动玩具。 • 没有供婴儿爬上爬下或钻进钻出的结构，或该结构仅对学步儿或年龄较大的幼儿来说是安全的。
照护者把婴儿放在婴儿床上主要是为了睡觉而不是游戏，在游戏期间，他们将婴儿放在结实的表面上自由安全地移动。 照护者每天定期移动尚不能移动的婴儿，为他们提供不同的观察对象以及能够观察和探索的范围。	• 婴儿长期被限制在婴儿床、婴儿座椅或游戏围栏中（例如，为了照护者的方便或"确保婴儿安全"）。 • 婴儿可以四处走动、探索，但照护者不会将能移动的婴儿与不能移动的婴儿分开，或他们不会站在附近以保护孩子免受伤害。

> **关于游戏空间的解释：**
> ——照护者和孩子们都感到舒服很重要，长时间待在一个不利于成人的环境中会增加照护者的疲劳和压力，这对孩子来说也是不利的。
> ——在户外而不是一直在室内，有助于儿童的健康和幸福，并为他们带来更多的感官体验。即使在寒冷的气候中，婴儿也能从每天的户外活动中获益。

第四章 发展适宜性案例

发展适宜性实践	反例

探索和游戏

游戏性互动

照护者重视婴儿的探索和游戏,他们观察每个孩子正在做什么或专注于什么,口头上对他们的游戏进行评价,并为他们提供一个安全的环境,这种无声的支持鼓励孩子们的积极参与。	• 婴儿的活动被打断;玩具被悬挂起来,由照护者给他们,或者迅速地拿走。照护者在不考虑孩子兴趣的情况下将自己的想法强加于游戏中,他们甚至自己玩玩具,婴儿仅能在一旁观看。
照护者以对每个孩子的兴趣都很敏感的方式与婴儿一起游戏,并且对孩子们的身体动作、洪亮的声音或他们周围环境的其他变化都很接纳。	• 照护者试图变得"有趣",会以不可预知的行为吓唬孩子、嘲笑或打扰孩子。
适当的游戏,如捉迷藏,是与感兴趣的婴儿一起玩的。照护者非常小心,不干扰婴儿玩耍或打断婴儿的注意力。	• 照护者强加给孩子们一些游戏和活动而不管他们的兴趣如何。 • 照护者很少和婴儿一起游戏。
照护者经常把婴儿抱在腿上一起读书,大部分时间都是一起翻页、对图片进行评论以及围绕书籍内容展开谈话。	• 照护者迫使婴儿阅读,期望他们安静地坐着,并像年龄较大的孩子一样保持专注。

关于游戏性互动的解释:

——成人中断婴儿探索和游戏的模式导致婴儿注意力持续时间较短,因此照护者需要对婴儿的参与保持敏感,避免打断。

——一些文化背景不鼓励成人与婴儿一起游戏,主张婴儿在成人环境中度过童年(例如,在做家务时用背带背着孩子,将孩子带入家庭或工作场所)。游戏是婴儿自己的事情,而非一定要和成人一起玩。照护者可能需要帮助来自那些文化背景的成人理解以游戏为导向的婴儿照护的益处。

——有些成人不是在读写文化中长大的,甚至是功能性的文盲,这些家庭或许没有读写文化,却有口头描述或讲故事的传统,照护者可以鼓励父母与孩子分享,甚至与整个团队分享。照护者还可以向家庭出借书籍,鼓励家长与孩子一起阅读这些书籍,并谈论这些内容。

发展适宜性实践	反例

探索和游戏

操作和探索的对象

发展适宜性实践	反例
照护者意识到非常年幼的婴儿首先用自己的身体进行游戏，因为他们在探索自己的主要肌肉可以做什么、变换姿势、探索感知觉，并最终发现自己的手脚。	• 照护者约束婴儿（例如，在婴儿座椅、秋千、限制性的衣物中）或将婴儿放在婴儿床上以限制他们的运动和探索。
照护者提供的玩具由各种材料制成，并且尺寸适合婴儿抓握、咀嚼和操作（例如，抓球、牙胶、柔软、可清洗的玩偶或小动物）。	• 照护者提供的玩具太大导致婴儿拿不动或太小以至于婴儿可能存在窒息或吞咽危险。照护者将玩具悬挂在不能移动的婴儿上方，使其仅可用于观察或拍打，但不能用于操作、用嘴巴探索。
照护者为婴儿提供各种可以用作游戏材料的安全家庭用品（如量杯、木勺、不易打碎的碗）。	• 照护者没有提供有助于照护环境更像家的家庭用品。
将纸板书放在婴儿容易获取的地方，这些书的内容围绕日常用品和活动展开，所描绘的人物是多种多样的（例如，不同的年龄、能力、种族、文化、家庭结构）。	• 照护者没有提供书籍（因为"婴儿不能阅读"或"他们只会毁坏书籍"）。 • 婴儿可以接触到的书籍是用容易撕破的纸制成的，书中没有呈现孩子们熟悉或感兴趣事物的图像。
一旦婴儿能触摸和抓取，照护者就会提供精心挑选的游戏物品，以回应孩子的探索，并允许不同类型的操作（例如，转动、挤压、插入）。	• 照护者提供的玩具由电池供电或上紧发条就可以移动，因此婴儿只需要观看。玩具在质地、大小和形状上缺乏多样性。照护者在婴儿的抓握反射减弱之前将玩具放到他们手中，这样孩子就不会放开它们。
任何制造噪声的玩具都是为了让婴儿能看到并理解噪声的来源。	• 摇铃和其他制造噪声、旋转不停的玩具都有隐藏的机制，所以任何探索都无法帮助宝宝了解物体的工作原理。

第四章　发展适宜性案例

| 发展适宜性实践 | 反例 |

探索和游戏

关于操作和探索的对象的解释：

——当婴儿发现他们可以用自己的身体做什么时，他们会获得早期的力量感。一开始是偶然的，然后随着婴儿的成长变得有目的性。体验动作使婴儿知道他们可以使事情发生。自我选择动作的练习和重复有助于自我调节。

——在某些文化中，玩具不那么重要，尤其是当婴儿大部分或全部时间都与他们的照护者进行身体接触时。感官体验（例如，图像、声音）而不是物体，是这些婴儿"玩"的东西。来自这些文化背景的家庭可能会强调他们的宝宝发展观察技能而不是操作技巧。

组织和获取材料

合理摆放游戏材料。例如，照护者在不同的架子上摆放用于不同活动的物品（例如，将填充材料与推拉玩具分别放在不同的架子上）。	• 照护者不考虑摆放问题，他们没有意识到摆放玩具和材料的方式会影响儿童与物品的交互方式。
将游戏材料放在与婴儿视线平齐且他们伸手可及的开放式架子上。照护者将物品分开放置，以便婴儿认真地做出选择。有特殊需求的婴儿（有能力操作游戏材料，但是不能移动）也可以使用游戏材料。	• 玩具被胡乱地放在一个盒子里。照护者没有意识到，对婴儿来说，从杂乱的物品中随意挑选与从排列有序的物品中做出谨慎的选择是不一样的。 • 玩具被放在婴儿够不到的地方，婴儿想要什么玩具必须得请求照护者帮忙，或者照护者替婴儿做出选择。

关于组织和获取材料的解释：

——有些文化更看重人际关系，而不是操作事物。在这样的家庭中，如果玩具或者其他事物分散了婴儿对人的注意力，成人就会把玩具或者其他事物拿开。同时，虽然美国和其他西方国家的许多文化群体都强调独立性，但是如果婴儿家庭的文化背景更重视成员之间的相互依赖，希望婴儿与家人建立亲密的、持久的联结，那么他们的家长就不希望孩子变得更加独立。

生活常规

照护者在进食、睡觉、换尿布、换衣服等生活常规中对婴儿照料得无微不至。照护者会解释正在发生什么事情，并让婴儿参与到一日常规中。	• 照护者机械、快速地完成这些常规工作，不让婴儿参与其中，也不会与婴儿进行热情的互动。

发展适宜性实践	反例

生活常规

> 关于生活常规的解释：
> ——在生活常规中，照护者需要了解并遵循有关健康、安全、营养等方面的标准或者规定。

进食

发展适宜性实践	反例
婴儿由主要照护者或他们熟悉的其他成人来给他们喂食。主要照护者或者其他成人以一定的角度托着婴儿的身体，让他们从奶瓶中吃奶。	• 年幼的婴儿被绑在婴儿座椅上等待喂食。谁拿奶瓶来喂他们是随机的，不一定是主要照护者，甚至不一定每次都是同一个照护者。 • 婴儿被放在婴儿座椅或婴儿床上，奶瓶被支起来（例如，奶瓶被斜放在枕头上，照护者在做其他事情）。
在婴儿能自己坐好之前，他们被放置在安全的椅子上，如高脚椅（但仅限于进餐时间），或者由他们的主要照护者或其他熟悉的成人在喂食时扶着他们。	• 婴儿坐在高脚椅上，以小组为单位被喂养，同时不一定是由主要照护者或者熟悉的成人喂养。 • 高脚椅在白天的其他时间也被用来放置婴儿。
照护者利用进餐时间来培养婴儿的独立性和自主性（例如，让可移动的婴儿尽量自己坐在椅子上），与此同时，为了适应家庭的文化偏好，在某些情况下可能会继续喂养年龄较大的婴儿。	• 无论家庭偏好如何，照护者都以同样的方式为所有婴儿提供食物。
年龄较大的婴儿在低矮的餐桌上以小组的形式就餐，照护者坐在旁边根据需要提供帮助。	• 没有小桌子和椅子使可移动的婴儿在进餐时运用精细或粗大的动作技能。大部分婴儿按顺序进食，或留在自己的位置上。
照护者允许婴儿自己进食（包括使用餐具和杯子），即使他们的努力弄得桌面一片狼藉。让婴儿用手指抓取食物，以增加他们成功的可能性。	• 照护者坚持喂养婴儿，因为这样做更方便或更有效（例如，"她耗费太长时间""他总是弄得一团糟"）。 • 当婴儿缺乏精细动作技能时，照护者希望婴儿熟练地使用餐具或用手指抓取食物。

发展适宜性实践	反例

生活常规

提供健康食品，每个婴儿都能选择吃多少和何时吃，用餐时间被视为社交、快乐的时光。	• 照护者对婴儿喜欢什么食物以及什么时候吃饱的信号毫无反应，成人和婴儿之间的对话是有限的。 • 食物被用作安抚和奖励，或者被视为惩罚。

关于进食的解释：
——饮食满足基本的生理需要，也是一种丰富的感官和情感体验。
——关于婴儿应该吃什么、何时吃以及如何吃，不同文化有不同的观点。例如，在进食时说话并不是一种普遍的做法，用手抓食也不是。一些文化背景下，在婴儿能够独立进食之后，用勺子喂他们被认为是一种增强婴儿和成人之间亲密联结的方式。

午睡

将婴儿的午睡区与活跃的游戏区及进食区分开，让婴儿睡在专门为他们准备的婴儿床上。家长从家中带来物品，使婴儿床更具个性化。	婴儿床沿着游戏区的墙壁排列，所有的床都是相似的，婴儿可以被放在任何一张床上，且床上没有婴儿自己的专属用品。床上没有任何个人化的物品使婴儿感受到"这是我的地盘"。
灯光很暗，但并不影响婴儿的视觉。午睡区很安静，有时婴儿伴随着柔和的音乐入睡。	明亮的灯光或嘈杂的音乐会打扰试图入睡的婴儿。
每个婴儿都由主要照护者或另一个熟悉的成人照看。	每次都由不同的照护者将婴儿放在床上。

关于午睡的解释：
——使婴儿在所有的照护活动中尽可能地产生"在家"的感觉非常重要，尤其是在睡觉的时候。例如，如果一个婴儿住在一个总是有噪声的小公寓里，那么他可能会觉得在昏暗的灯光下、在一个安静的环境中入睡是有困难的。

发展适宜性实践	反例

生活常规

换尿布

婴儿通常由主要照护者或其他熟悉的成人换尿布，这一环节被视为私密的、一对一的互动。在这种互动中，照护者寻求婴儿的注意力和合作，换尿布帮助婴儿建立了一种合作意识，他们和照护者之间的关系也因此得到发展。	• 由一个照护者给所有的婴儿换尿布。
换尿布时所需的用品及婴儿的衣服都被放在尿布台附近，照护者有充足的时间和工具使换尿布成为对成人、婴儿而言的一个高效、愉快的经历。	• 因为换尿布区没有被很好地设计，所以换尿布需要很长时间，并且对照护者和婴儿来说都是不舒服的体验。 • 在给婴儿匆忙换尿布的过程中，成人可能会忘记或跳过必要的健康和安全措施或者粗暴地对待婴儿。

与家长之间的互惠关系

照护者每天都以热情、真诚和尊重的方式与家长沟通，与家长相互理解和信任，以便于解决任何可能出现的问题。	• 照护者很少或仅在遇到问题时才与家长沟通。
照护者帮助家长对自己的孩子感到满意（例如，通过分享当天发生的一些积极、有趣的事情）。	• 照护者不会每天与家长分享孩子的经历，导致家长感到自己缺席了孩子的部分成长，或者照护者分享了很多，但他们关注的是孩子的负面经历而不是正面经历。
照护者认真听取家长的意见，试图了解家长的目标、优先考虑的事项和对孩子的期待。照护者支持亲子关系是孩子最重要的关系，家长对孩子的幸福和照护负有最重要的责任（例如，照护者记录给孩子换尿布的情况并与家长分享）。照护者关注家长的专业知识、对婴儿的依恋以及孩子与父母之间的紧密联系。	• 照护者滔滔不绝地跟家长说话，忽视了倾听。照护者可能将自己的观点或其他观点视作唯一正确的观点。

发展适宜性实践	反例
与家长之间的互惠关系	
照护者和家长共同决定如何最好地支持婴儿的发展，或者在婴儿出现问题时与家长一起寻找解决问题的方法。	• 照护者将自己定位为专家，批评家长的养育技巧，甚至试图与家长争夺孩子的喜爱。
照护者尊重家长的文化背景和家庭偏好，并努力适应这些偏好。如果家长的偏好不符合发展适宜性实践的理念，例如，家长希望照护者任由婴儿自己在一边大声哭泣，照护者应尝试帮助家长了解原因。	• 照护者逃避困难的问题或单方面做出决定，而不是与家长共同尝试解决。 • 照护者将家长视为"问题"，而不是解决问题的伙伴。
照护者总是让家长感到自己是受欢迎的（例如，热情地接待和支持哺乳期母亲对孩子进行母乳喂养）。	• 照护者忽视或贬低家长对孩子的期待，当家长的观点与自己的不同时，认为他们的观点是奇怪的或错误的，而非仅仅是不同的。 • 照护者屈从于家长的要求（例如，打屁股）或偏好，即使这些与发展适宜性实践的要求不一致。
婴儿和家长的照片被贴在孩子们可以看到的墙上。	• 照护者避免向婴儿提起家人，因为他们不希望孩子出现任何分离焦虑。 • 教室内的装饰物不包括孩子的家庭照片，而且装饰物被悬挂在成人才可以看到的高度。

关于与家长之间的互惠关系的解释：

——帮助家长感受孩子的积极品质，能够引导家长支持这些品质的发展。大多数家长都希望对自己的孩子感到满意，但在某些文化中，他们可能不希望听到他们的孩子对自己感觉良好。在一些看重谦卑态度的文化中，成人可能想要淡化孩子的积极品质，担心孩子因此自负。

——有时照护者可以满足家长的偏好，有时则不能满足他们提出的要求，这时照护者需要与家长就他们之间不同的观点进行沟通。

——让婴儿看家庭成员的照片会让他们回想起亲爱的家人，帮助他们感受到家庭归属感以及他们的家庭与早期教育项目是紧密相连的。可是，如果看这些照片使婴儿感到难过，那么应对情绪是他们可以在项目中学到的一课，因为照护者会帮助他们应对分离焦虑。

发展适宜性实践	反例
政　策	

健康和安全

发展适宜性实践	反例
照护者遵循健康和安全标准，包括正确的洗手方式和全面的预防措施，以限制传染性疾病的传播。 每个生活常规都有明确的卫生程序，以帮助员工遵循一致的程序。	• 没有明确考虑卫生保健设施和程序，也没有把它们写下来。因此，成人在给婴儿换尿布、清洁婴儿床和游戏区域、处理食物时往往会忘记洗手或其他的必要步骤。
空间布置考虑了婴儿的健康和安全（例如，墙壁上是无铅、易清洁的涂料；地毯和地板易于清洁；换尿布区域和食品准备区域是分离的；在存放消毒剂、手套和塑料袋时清楚地注明它们的名字）。	• 没有合理布置空间，无法保证婴儿的健康和安全（例如，各种物品甚至是消毒剂没有存放在婴儿无法触及的指定区域，被照护者留在尿布台上）。 • 环境干净、安全，却给人一种枯燥乏味的感觉。
除非医生另有指示，否则婴儿要仰卧睡觉。	• 照护者将婴儿安置在任何可能使他感到快乐或最快安静下来的位置上睡觉。

> *关于健康和安全的解释：*
> ——照护者需要得到培训、支持和提示，以了解并始终遵循适当的健康和安全程序。

人员配备

发展适宜性实践	反例
项目聘用的照护者特别喜欢与婴儿打交道，并且接受过有关婴儿照护的专门培训。照护者愿意持续接受培训和支持，以加深他们对婴儿的理解，增强他们的照护能力。	• 聘用的照护者将照护婴儿看作一项监管工作，很少或根本没有接受过有关婴儿照护的培训。
照护者能够很好地应对压力，他们在与他人（如同事、家庭成员、管理者）的互动中建立他们希望孩子发展的风格和基调。	• 照护者在面对压力时不能很好地应对，他们泪流满面、咄咄逼人、过度紧张或者特别冷漠，从不表现出任何情绪。
项目限制小组规模和师幼比，以允许照护者与婴儿单独进行一对一的互动和亲密的联结。	• 小组规模太大而且师幼比较低，限制了照护者对婴儿个体的关注和持续的照护。

发展适宜性实践	反例
政　策	
在其人员的配备模式中，项目致力于主要照护。	• 人员配备模式要求婴儿在接受照护期间与两个以上的成人保持联系。
在其人员的配备模式中，项目确保了照护的连续性。婴儿和照护者能够维持他们的关系，并且每个婴儿与小组中其他婴儿的持续关系也得到了支持。	• 人员配备模式将照护者从一个婴儿转向另一个婴儿或从一个小组转向另一个小组，甚至有意这样做（例如，"婴儿不会过于依恋"）。 • 婴儿的分组不断变化（例如，每天根据照护者的日程安排进行调整）。 • 工作人员流动率高（例如，由于薪酬不足、工作条件差），导致婴儿与照护者的关系缺乏连续性，并经常受到干扰。

关于人员配备的解释：
——没有人能自动掌握在集体中照护婴儿的知识，也并非所有成人都对婴儿照护工作感兴趣。在聘用和分配员工时，管理者不仅仅应考虑个人的优势和偏好，还应考虑到该员工与其他成人共事的能力、对待多样性的态度以及协商差异的意愿。

学　步　儿

发展适宜性实践	反例
照护者与儿童之间的关系	

主要照护和照护的持续性

发展适宜性实践	反例
有足够的持续性照护，以确保每个学步儿及其家长可以与一个或两个主要照护者形成积极的关系。	• 学步儿被照护者从一个小组转换到另一个小组或由任意一个有空闲时间的成人照护。

发展适宜性实践	反例
照护者与儿童之间的关系	
学步儿的主要照护者十分了解孩子及其家庭，因此能够回应孩子的个人气质、需求和发出的信号，并与孩子和家长建立一种彼此满意的沟通模式。	• 照护者不熟悉学步儿的偏好和发出的信号，因为他们没有一直照护同一个孩子。 • 照护者没有将与家长建立关系作为一项工作，他们甚至认为与家长建立温暖的关系是不专业的。
当学步儿和家长到来时，主要照护者会呼喊孩子的名字来热情地迎接他们。照护者帮助学步儿与家长分离，包括：展示有趣的活动、根据需要与学步儿互动、促进学步儿融入小组。	• 照护者匆忙地迎接孩子，但不会专门地关注每个孩子。 • 照护者热情地迎接学步儿，但没有关注送孩子来的家长。

> 关于主要照护和照护的持续性的解释：
> ——主要照护意味着每个孩子仅由同一个或两个成人照护，以便照护者更好地了解孩子，使孩子与照护者形成强烈的情感纽带（依恋）；持续照护意味着孩子在几个月的时间里（如果可能，年复一年）与一组同龄人由一名主要照护者照护。如果照护者频繁更换，那么学步儿要么无法形成依恋，要么需要不断地处理分离问题，这可能会使学步儿和家长都感到不安全。
> ——有些文化倾向群体依恋，孩子们将自己视为群体中的一员。这样，学步儿可能同时有多个照护者，但这些关系是稳定的。
> ——回应性和一致性的学步儿照护不仅取决于照护者，还取决于政策中优先考虑的项目（参见"政策"）。

互动

照护者一天中大部分时间都与学步儿进行一对一的互动，互动的基调是温暖和关怀的，照护者使用愉快、平静的声音以及简单的语言和非语言信号。	• 照护者长时间不理睬一部分学步儿，将精力和注意力放到其他孩子身上（例如，在家庭式照护中，偏爱自己的孩子），或者照护者将他们的注意力完全集中在其他地方，几乎不与学步儿互动。 • 照护者以严苛或非个体化的方式与学步儿互动。
照护者关怀每个学步儿，以特有的方式去了解学步儿的需求并做出一致性反应，让学步儿相信在自己需要时照护者能够提供帮助或安慰。	• 照护者根据自己的日程安排或偏好而不是学步儿的日程安排或偏好给予关注和照护。 • 照护者的回应是不可预测的，或者对学步儿做出笼统的回应，或者根本没有回应。

发展适宜性实践	反例
照护者与儿童之间的关系	
照护者经常和学步儿（一个孩子或两三个孩子）一起阅读，始终保持亲密的身体接触。照护者与学步儿一起唱歌、玩手指游戏、表演简单的故事或民间神话，使孩子们积极地参与。	• 照护者采用"小组活动"形式，使学步儿集体倾听或观看活动，孩子们没有机会单独与照护者互动。
照护者安慰学步儿，通过温暖的回应式安抚使他们知道自己是受重视的，例如，轻拍学步儿的背部、拥抱学步儿或者让学步儿坐在自己腿上抱着他们。照护者对学步儿是否喜欢接触保持敏感。	• 照护者遵循"不接触"方针，忽视安抚对学步儿健康发展的重要性。 • 照护者忽视学步儿不想被抱着或触摸的想法。
照护者创建了一个在情感上和身体上完全接纳学步儿的教室，他们为每个学步儿都提供了温暖、敏感的照护。他们确保材料和活动使所有学步儿都能积极参与。	• 照护者在所有活动中忽视有特殊需要的学步儿（例如，需要使用康复设备、进食方式特殊的儿童或无法融入同龄人游戏的儿童）。
为了满足学步儿天生的好奇心，当他们注视残疾人或询问有关残疾人的问题时，照护者会给出简洁、准确的回答。	• 照护者无视孩子对残疾人或康复设备的好奇。 • 照护者批评孩子询问了有关差异的问题。 • 照护者发表的评论或做出的解释表明，他们贬低残疾人。

关于互动的解释：

——有大量证据表明，一对一的互动可以使学步儿和成人在身体上和情感上保持紧密的联结（Honig, 2002）。抚触是一种在儿童发育早期特别重要的交流方式。一些学步儿回避接触，因此照护者需要对个体差异更加敏感。触摸的位置以及方式具有文化差异性，在某些文化中触摸儿童的头部被认为是贬低儿童的一种行为。

——在某些文化中，儿童甚至学步儿被期待通过观察而不是通过参与来学习（例如，在集体活动中久坐）。然而，学步儿通常喜欢身体活动。在早期教育环境中，应该允许他们在一天中的大部分时间四处走动、参与游戏和主动学习。

——照护者应尽可能满足有特殊需要的儿童。在向好奇的学步儿简单地解释了残疾或差异之后，可以帮助他们了解残疾儿童的兴趣和能力（例如，"苏珊喜欢绘画和手指画，这是她今天上午创作的作品"）。

发展适宜性实践	反例

照护者与儿童之间的关系

尊重学步儿作为独立个体

照护者对学步儿抱有适当的期望,当学步儿试图做某事时(例如,穿上靴子),照护者会观察他们自己能够做什么,并根据需要提供支持。	• 照护者对学习新技能的学步儿缺乏耐心,因为成人的速度更快,他们总是包办一些学步儿本可以自己做的事情。 • 照护者使学步儿过度依赖成人,学步儿被过度保护并感到不自在。 • 照护者经常使学步儿感到失望,以致学步儿变得非常沮丧、放弃他们无法完成的任务或者他们无法单独解决的问题。
照护者对学步儿的身体及其功能持健康、接纳的态度。	• 照护者说话或做事的方式使学步儿对自己的身体感到羞愧,并认为自己的身体功能令人厌恶。
照护者尊重每个学步儿对熟悉的物品、食物和不同的人的偏好,他们允许学步儿保留自己喜欢的物品,并让他们选择(从一组有限的选项中)自己喜欢吃或穿的东西。	• 照护者禁止学步儿把家里自己喜欢的物品(例如,毯子或玩具)带到项目,随意拿走学步儿的物品或期望他们与其他孩子分享。 • 不鼓励学步儿做出选择,不鼓励学步儿拥有或表达偏好,所有儿童都应该做相似的事情。
照护者尊重学步儿对物体的兴趣,允许他们随身携带物品、收集物品、移动物品,在玩具、其他物体周边闲逛或坐下来与其他小伙伴进行平行游戏。	• 照护者将物品限制在某些固定位置(例如,"书籍必须留在阅读角"),他们不能容忍孩子囤积、收集或携带物品。

> *关于尊重学步儿作为独立个体的解释:*
>
> ——学步儿对自己的能力产生了信心,从而增强了自尊。不过,有些文化反而淡化自尊,教导谦卑。因此,学步儿家庭可能会向照护者提出与这种差异有关的问题。
>
> ——当家庭的文化更加重视相互依赖而非独立时,照护者可能会认为某些家长的行为是过度保护。有时,这些家长可能会强调教孩子在尝试做某事时大方地接受帮助。

第四章 发展适宜性案例

发展适宜性实践	反例
照护者与儿童之间的关系	

沟通

发展适宜性实践	反例
成人在与学步儿对话时应让他们有充足的时间做出回应，照护者也应认真倾听孩子的口头表达并对此做出回应。	• 照护者对学步儿单方面讲话，不等待他们做出回应。 • 成人的声音占主导地位，或者照护者不会对孩子讲话，因为他们认为孩子年龄太小而不能交谈。
照护者标记或命名物体，描述事件过程和学步儿的感受（"你对乔拿走积木感到生气吗？"），以帮助学步儿学习新单词。与刚开始学习说话的学步儿交流时，照护者会简化语言。随着学步儿逐渐获得自己的语言，照护者会扩展学步儿的语言（孩子："马克袜子。"成人："哦，那是马克失踪的袜子，你找到了它。"）。	• 照护者不会尝试通过与学步儿互动来帮助他们建构对周围世界的理解，他们认为学步儿年龄太小而无法进行口头交流。 • 照护者要么以幼稚的方式讲话，要么使用学步儿不能理解的过于复杂的语言。
照护者向家长咨询孩子发出的声音以及语言和非语言信号，以便更好地理解学步儿在刚开始讲话时的语言或他们所说的家庭语言含义。	• 照护者不与家长交流学步儿的话语、沟通模式或家庭语言风格，他们无法理解学步儿试图表达的内容，这让学步儿在沟通方面受挫。 • 即使学步儿家长的英语交流能力不足，照护者也告诉他们要对孩子讲英语。
照护者了解每个学步儿哭声的含义（例如，恐惧、沮丧、困倦、痛苦），以及何时需要等待（例如，观察孩子是否能够自己解决问题）或采取行动，他们会迅速回应学步儿的哭声或其他痛苦的迹象。	• 照护者忽视或不恰当地回应学步儿的哭泣，或者只在自己方便时才做出回应。

发展适宜性实践	反例

照护者与儿童之间的关系

> **关于沟通的解释：**
>
> ——与学步儿进行双向交流而不仅仅是单方面讲话，会大大促进他们语言方面的发展，扩大他们的词汇量。语言使用因文化不同而存在差异。例如，在某些文化中，成人从不会向儿童提问已经知道答案的问题。所以，对来自这样家庭的孩子来说，他们可能认为，照护者拿起一本书并问"这是什么"是一种奇怪的行为，因而不会做出回应。
>
> ——向家长了解孩子在家中如何表达自己，是非常重要的。当学步儿的家庭语言与早期教育项目中采用的语言不同时，应尽一切努力支持孩子两种语言的可持续发展。会讲家庭语言是个体形成身份认同、与家庭文化保持联结的一部分。
>
> ——虽然言语最终会取代哭泣，但哭泣仍是学步儿进行交流的一种方式，因此照护者应该设法理解学步儿哭泣的缘由，而不仅仅是试图阻止或忽视它。

积极引导

在与学步儿互动的过程中，照护者会向学步儿示范他们所希望的行为。为了帮助学步儿解决分歧，照护者使用语言来表达正在发生的事情和孩子可能的感受（"你想玩那辆车吗？夏特尔正在玩，让我们看看能不能在架子上找到其他车"）。	• 照护者表现出攻击性，怒喊或不知道如何应对压力。 • 照护者试图惩罚或控制攻击性强的学步儿，没有向学步儿示范解决冲突时应该使用的语言。
照护者不断地耐心引导学步儿，以帮助他们控制自己的冲动和行为。	• 照护者预料不到学步儿可能出现的行为，因此不能阻止学步儿受伤或伤害他人。 • 照护者忽视学步儿之间的纠纷和其他问题行为。 • 照护者严厉惩罚违规行为，吓唬学步儿并使他们感到屈辱。
照护者认识到，学步儿在发展健康的自我意识时会不断地测试极限并表达反对意见（"不！"）。	• 照护者会因为学步儿坚持自我或说"不"而惩罚他们。
照护者仅在学步儿的行为有安全风险时才试图采用限制性语言"不"。照护者采用积极的语言或给出选择（"在鼓上或地板上敲打"），而不仅仅是限制学步儿（"不要敲桌子"）。	• 照护者总是对学步儿说"不"，从来不给他们选择的空间；他们会在与学步儿安全或幸福无关的问题上与学步儿进行权力斗争。

发展适宜性实践	反例

照护者与儿童之间的关系

关于积极引导的解释：

——了解学步儿的行为与其发展阶段的关系，有助于照护者以积极的方式做出回应，而不会受孩子消极情绪的影响使自己感到沮丧和愤怒。

——观察是照护者应该具备的一项重要技能。善于观察能使他们预测学步儿的行为并预防危险或攻击性行为的发生，学步儿需要知道成人会在他们缺乏控制时提供帮助。

——成人对学步儿行为的反应，在帮助学步儿形成自我意识方面发挥着重要作用。关于合作或独立的价值因文化而异，照护者和家长可能对孩子的行为持不同意见。例如，如果家长重视服从，他们就不太可能希望照护者容忍孩子去测试极限并表达反对意见。

环　　境

感官环境

地毯和地板颜色柔和，以便学步儿的目光被吸引到材料和活动选择中。	• 墙上很混乱或者枯燥乏味。 • 地毯和毯子的颜色、图案令人分心。
学步儿的艺术作品和其他创意作品被悬挂在他们能够接触到的高度上，但又能够使他们看清楚。照护者向学步儿展示他们自己和家人的照片或把照片放在相册中供他们随时查看。	• 学步儿的艺术作品没有被展示，或者挂得太高，导致学步儿看不到。 • 教室中没有家庭参与的迹象（例如，没有来自学步儿家庭的物品）。
学步儿在游戏活动中被感官物体环绕。在合理限度下，他们还可以在洗手等生活常规过程中享受感官游戏。	• 因为照护者觉得"太吵了""太乱了"或"太脏了"，导致学步儿无法享受感官游戏和探索环境带来的自然乐趣。因此，他们会在清理食物的过程中游戏，或者在任何可能的情况下拿着食物游戏，经常打乱常规或者需要引导。

| 发展适宜性实践 | 反例 |

环 境

关于感官环境的解释：

——当项目中有特殊需要的儿童时，照护者需要做出适当的调整，例如，视力受损的儿童可能需要比平常更多的对比（例如，放在白色托盘上的深色物体）来集中视线。同样重要的是，环境的安排应保持基本不变，这样视力受损的学步儿才能找到自己的路；不断地重新摆放家具和材料会让视力受损的学步儿很难集中精力学习。

——家或家庭成员的照片能帮助学步儿处理分离焦虑，并使他们感到自己属于家庭，家庭与该项目是相关联的。然而，并非所有文化都对展示学步儿家庭的照片感到满意，一些家庭可能更喜欢孩子带一个家中的物品到项目中。

——学步儿通过探索来了解世界，成人应该鼓励这类行为。随着他们理解限制的能力发展，照护者可以提供更多的感官材料。

游戏和学习区域

发展适宜性实践	反例
不同的地板覆盖物适用于不同的活动（例如，易于清洁、防震的瓷砖既适合学步儿玩推拉玩具，也适合学步儿在上面进行艺术探索、进餐、玩水或玩沙游戏，低处堆叠到一起、易于清洁的地毯或防滑区域的地毯适合学步儿进行安静的游戏）。	地板上铺有长绒地毯，需要不断地清洁，不然会显得很脏，或者地板又硬又冷。
照护者将空间划分成不同的兴趣区或活动区，包括小组游戏区、单独游戏区、戏剧游戏区和建构游戏区。	空间没有被划分成不同的兴趣区，这使得学步儿难以参与到活动中。
活动区由低矮的隔板、书架或小椅子隔开，形成了清晰的路径，降低了学步儿无意中撞到并干扰专心游戏的同伴的可能性。	空间是开放的，从一个兴趣区过渡到另一个兴趣区没有明确的路径，学步儿经过时有可能碰到正在专心游戏的孩子。
环境包含私密空间，可容纳一两个孩子，同时又能被成人看到。	环境中没有私密空间，或者空间过于私密而不在成人的视线之内。

发展适宜性实践	反例

环境

室内区域是开放的、安全的，空间的设置允许学步儿进行活跃的大肌肉游戏。	• 对刚刚学习如何移动身体并且需要跑步而不是走路的学步儿来说，室内空间狭窄且不安全。
学步儿的户外游戏空间与年龄较大的儿童是分开的，户外游戏设备包括可让学步儿来回走动、进出的小型攀爬设备，以及需要成人监督的单独游戏设备，如秋千和低矮的滑梯。设备大小适中，学步儿不需要被成人抱上去或扶下来。	• 学步儿与较大的孩子共用户外空间和设备。设备不是专为年幼的孩子设计的，对学步儿来说，它太大或太难运用。

> 关于游戏和学习区域的解释：
> ——孩子在环境中的表现一定程度上取决于空间布置所传达的信息，当从一个兴趣区到另一个兴趣区有清晰的路径时，传达的信息就是"过来看看还有什么可以做的"。
> ——在考虑各种学习和照护区域的位置时，牢记活动目标是非常重要的。例如，将艺术区和用餐区设置在水槽附近提醒孩子（在成人的鼓励下）学习在这些活动前后自己使用水槽。
> ——长时间参与集体照护活动的学步儿需要偶尔独处或与另一个孩子单独相处，重视独立的父母会理解隐蔽空间的价值。然而，在某些文化中，儿童总是成人环境中的一部分，成人可能对专门为儿童设置空间感到困惑。

探索和游戏

游戏发展

照护者尽其所能支持学步儿的游戏，让他们在一段时间内持续对某个物体或活动感兴趣。例如，无论是个体游戏还是小组游戏，他们都不会打断孩子的参与。	• 因为照护者不了解支持儿童游戏的重要性，所以他们控制或干扰游戏。
照护者尊重学步儿的单独游戏和平行游戏，当一个玩具受到孩子们的喜爱时，成人会提供一些玩具，让几个孩子同时玩这个玩具。	• 因为照护者不了解单独游戏和平行游戏的价值，所以他们努力让孩子们一起玩。 • 成人希望学步儿分享，因为没有提供多个相同的、受欢迎的玩具，因此孩子们经常打斗，而其他玩具很少被使用。

发展适宜性实践	反例
探索和游戏	
照护者与学步儿一起游戏，特别是当他们可以帮助孩子丰富游戏内容时。例如，一些孩子可能需要成人的帮助才能发挥想象力，照护者可以为他们进行示范（例如，玩"茶会"游戏）。	• 照护者从不和学步儿一起游戏，作为成人，他们感到害羞或尴尬。
照护者通过测试学步儿的身体能力来让学步儿自由探索自己的动作。	• 照护者花时间控制学步儿的活动。
照护者认识到学步儿通过探索了解世界，并依据他们的发育水平提供日常探索活动。	• 照护者不提供探索性游戏，或在自然发生时限制它。他们不给年龄较大、有能力的学步儿提供颜料、沙子、面团或黏土，因为这些材料很凌乱，需要在监督下使用。

> **关于游戏发展的解释：**
> ——有些文化并不将游戏视为学习和发展的工具，处于这些文化中的家长可能无法理解或欣赏游戏的价值。照护者必须明确游戏为什么对学步儿来说是发展适宜的并且重要的。
> ——学步儿需要足够的活动空间，鼓励他们自由行动有助于学步儿了解自己、世界以及自身能力和局限，这样的学习可以帮助他们避免意外。

操作和探索的对象

发展适宜性实践	反例
为学步儿提供适当的艺术材料，如大蜡笔、水彩马克笔和大块纸张。照护者在提供无毒材料时避免将食物用于艺术创作；学步儿正在发展自我调节技能，必须学会区分可食用和不可食用的物品。	学步儿可能把东西放进嘴里，因此成人给他们可食用的、通常是美味的手指涂料或橡皮泥。
照护者允许学步儿探索和操作艺术材料，不指望他们制作出艺术作品。	学步儿在教师的"帮助"下生成作品，复制成人制作的模型，遵循指示，或者直接着色图画书中的作品或者勾勒成人画好的作品。
学步儿可以轻松地使用杯子、油漆罐和其他很小的容器，它们也很容易清理。	学步儿们必须同时开始和结束艺术活动，以便照护者将他们作为一个整体进行准备或者清理。

第四章　发展适宜性案例

发展适宜性实践	反例

探索和游戏

将带有大量纸巾的儿童水槽设置在可开展凌乱活动的区域附近，学步儿将了解，凌乱活动后需要整理和洗手。	· 照护者限制会造成混乱的活动。 · 学步儿没有被教导个人清理的责任。
提供结实的图画书，描绘不同年龄、种族和文化群体、家庭类型、职业、健全或残疾的人。	· 学步儿接触不到书籍，因为它们可能被撕裂或弄脏。 · 书籍中不包含儿童熟悉或感兴趣的对象。

> 关于操作和探索的对象的解释：
> ——艺术活动为学步儿提供了探索各种材料用途的机会，他们刚开始只是用马克笔在纸上涂画或者玩颜料、泥土，后来才开始注意结果。探索不是"制造某些东西"，而是创造和观察某种效果。然而，并非所有人都喜欢凌乱的活动，如果学步儿不喜欢，他们就不应该被强制，大多数人最终会在看到同龄人享受这项活动时加入其中。
> ——虽然油漆、沙子、橡皮泥和黏土往往适合年龄较大的学步儿探索，但16—18个月大的学步儿也可以使用它们。照护者在他们使用这些材料时，必须非常严格地限制和监督游戏，以保证孩子的安全。
> ——在一些家庭中，书籍不是儿童和成人的一部分。如果这些家庭延续口头上的而非书面上的传统，照护者可以通过邀请他们讲故事来认可和尊重他们。

组织和获取材料

合理摆放游戏材料。例如，照护者在不同的架子上摆放用于不同活动的物品（例如，用于填充的、空的材料要与三块的拼图或可移动、推动的玩具放在不同的架子上）。	· 照护者不考虑摆放问题，他们没有意识到摆放玩具和材料的方式会影响儿童与物品的交互方式。
将游戏材料放在与学步儿视线平齐且他们伸手可及的开放式架子上。例如，将工作服挂在较低的钩子上，方便学步儿拿取。 有特殊需要的学步儿已经发育成熟，能够熟练地操作物体（但可能受限于移动能力），那么允许他们接触玩具。	· 玩具在一日活动结束后全部被倒在一个盒子里，混在一起，孩子们需要翻遍盒子才能找到想要的玩具。 · 孩子们接触不到材料，或者它们对孩子来说太笨重，无法单独使用。

发展适宜性实践	反例

探索和游戏

照护者可以将物品分开摆放，让孩子在深思熟虑后进行选择。	• 照护者不理解，在混乱中选择与在有序的排列中进行谨慎地选择，它们对学步儿来说是不一样的。 • 玩具离儿童很远，学步儿需要索要他想玩的玩具，或者由照护者代替他们做出选择。

> 关于组织和获取材料的解释：
> ——有些文化更看重人际关系，而不是操作事物。在这样的家庭中，如果玩具或其他事物分散了学步儿对人的注意力，成人就会把玩具或其他事物拿开。
> ——许多文化都强调独立，但是这些文化中的家长（例如，他们想让孩子与家庭保持持久、亲密的联系）也许反对让孩子自己选择或拿取材料。

日程安排

照护者调整时间安排和活动以满足小组内个别儿童的需要。时间安排要灵活、顺畅，主要取决于儿童的需求而不是成人的需求。一天中要有相对可预测的常规顺序。	• 活动必须严格遵守时间表。 • 没有时间表使学步儿无法预料一天的安排。
照护者认识到学步儿需要不断重复任务，直到他们掌握了所涉及的步骤和技能。照护者允许每个孩子按照自己的节奏去做。成人有时间帮助有特殊需要的孩子，因为其他孩子都知道接下来会发生什么，并且很投入。	• 照护者对学步儿重复的需求失去耐心。 • 学步儿必须根据照护者的计划分组活动，或者按照成人的要求在某项活动上花费一定的时间。 • 照护者没有时间为有特殊需要的孩子服务。
照护者计划在社区或公园散步，并规划特别的旅行，让学步儿更多地感受户外自然环境。	• 学步儿很少去户外，因为成人需要花很长时间才能组织起来。或者照护者认为，学步儿太小，还不能领会"实地考察"。

第四章 发展适宜性案例

发展适宜性实践	反例

日程安排

关于日程安排的解释：

——学步儿在认知上已经准备好学习更多的事情，当他们知道接下来会发生什么时，会更有安全感。

——当照护者让孩子设定活动的方向和速度时，学步儿可以自己学习并练习他们正在学习的内容。对成人来说，在学步儿忙碌的时候，要避免匆忙。学步儿的积极参与使照护者自由地为每个孩子留出时间，包括那些有特殊需要的孩子。

——每天外出对孩子的身体、心理和情绪健康都非常重要。对儿童正在生长发育的身体和大脑来说，新鲜空气和运动一样重要。

生活常规

发展适宜性实践	反例
换尿布区域或盥洗室、睡眠区和饮食区要分离，既确保卫生，也保证休息区域是安静的。	• 不同区域被合并在一起，因而非常嘈杂，令孩子们感到分心而且不健康。
照护者认识到，吃饭、如厕和穿衣等常规任务为孩子们了解世界、获得技能和规范行为提供了重要机会。	• 照护者为学步儿做他们本可以自己完成的日常事务。

关于生活常规的解释：

——对孩子们的尝试做出积极的反应会鼓励他们继续尝试，当不断给孩子们练习的机会时，他们就能学会独立使用餐具、卫生间和穿衣服。并非所有的家庭都重视培养孩子的独立性，有些家庭最初可能认为照护者不给孩子喂食或穿衣是忽视孩子的表现。

——与父母就生活常规和需求进行沟通，例如，照护者如果了解到孩子没有吃足够的早餐或者在家中拒绝吃任何东西，那么可以提早为孩子提供餐食。

——在日常生活中，照护者需要了解符合健康、安全、营养等方面的良好做法。

进食

发展适宜性实践	反例
与年龄较大的儿童相比，更频繁地为学步儿提供分量较小的餐食（例如，在上午提供两次餐食而不是像幼儿园一样仅提供一次）。为孩子们提供饮品，尊重他们及其家庭的食物偏好。	• 饥饿的孩子们变得十分挑剔、急躁，等待照护者严格地按照流程发放食物。 • 照护者将食物作为奖励或惩罚。

发展适宜性实践	反例
生活常规	
照护者为学步儿提供方便使用的餐具，如碗、勺子以及大小不同的瓶子、杯子。	• 儿童难以使用餐具，因此感到受挫或十分沮丧。 • 儿童能够自己做事，但会因为洒漏食物而受到批评。
学步儿在低矮的餐桌上以小组的形式就餐，照护者坐在旁边根据需要提供帮助。	• 学步儿以大组的形式按顺序接受喂食，或者完全自己吃饭。

午睡

学步儿可以在游戏区域午休，只要他们的小床被很好地区隔，并且房间内没有游戏物体（例如，放置在架子上的物品）。照护者根据孩子入睡的难易程度、注意力分散情况、对安静的需求状况以及日常午睡时间等来计划每个孩子的婴儿床摆放位置。	• 照护者将婴儿床放得太近，没有按照每个孩子的午睡需求做出规划。
每个学步儿都有贴着标签的婴儿床和寝具，领取自己的毯子或安抚物是午睡常规的一部分。	• 所有儿童交叉使用婴儿床和床单。 • 不鼓励孩子们从家中带一些特殊的物品，因为孩子"只会弄丢它们"或"只会因为它们而打架"。
照护者通过一系列可预测的事件和环境变化来建立一个过渡到午睡的程序。从安静的活动开始，比如读一个故事。婴儿床就位后，学步儿拿起他们的安抚物或毯子，走到床前。然后灯光渐暗，孩子们听着轻柔的音乐或故事录音入睡。	• 午睡前没有过渡环节，一旦孩子们躺下，照护者就会立即关灯，督促孩子们保持安静。 • 午睡环节是混乱的，一些孩子睡觉，另一些孩子容易捣乱，在房间里走来走去。

> **关于午睡的解释：**
> ——无论照护者准备得多么充分，午睡时间都比较困难，有些孩子感到过度疲劳，而有些孩子还没有感受到疲倦，感到不安全的学步儿可能很难放松下来入睡。
> ——一些学步儿很难在睡觉的时候忽视其他人。照护者对个体差异的理解是关键：要放松，一些学步儿需要视觉隐蔽（睡觉时看不到其他人），一些学步儿需要听觉隐蔽（听不到其他声音），而有的学步儿需要两者兼顾，这并不容易安排，但有创造力的照护者总能找到方法。
> ——在一些家庭中，学步儿从不单独睡觉，因此他们可能在午睡时间很难入睡。对通常在婴儿床上睡觉的学步儿来说，小床可以使他们随时自由地起身走动。

发展适宜性实践	反例

生 活 常 规

换尿布和如厕

照护者与家长合作鼓励孩子学习使用马桶。当学步儿达到他们感到自信并且不惧怕使用马桶的年龄时,照护者要根据每个孩子的生理需要定期带他们去卫生间,根据需要帮助他们,提供容易穿的衣服,积极强化良好的行为。

未准备好或不方便如厕的学步儿通常由主要照护者或另外一个熟悉的成人替他们换尿布。换尿布一直被视为一种个人的、一对一的互动,能够建立起照护者与学步儿之间的关系,还能培养团队合作意识。

- 照护者不与家长讨论学步儿如厕的问题,但是为了成人的方便,无论孩子们是否准备好,他们都会强加给孩子。
- 照护者让孩子在马桶上坐的时间太长。
- 儿童因如厕而被惩罚或感到被羞辱。

- 所有学步儿都由同一个人换尿布,他并不一定是孩子的主要照护者或熟悉的成人。
- 粗鲁地换尿布。

关于换尿布和如厕的解释:

——关于如厕的发展性观点侧重于个人准备以及运用积极的方法。照护者要让孩子和家长决定如何如厕而不是遵循一套严格的指导方针。在换尿布期间,如果成人将孩子视为团队的一部分,孩子就会形成积极的如厕行为,继续看到自己学习如厕时作为合作者的角色。

——没有踩踏板的学步儿马桶是理想的选择,马桶被放置在光线充足、温馨、相对私密的空间里。那些从婴儿期就开始训练孩子使用马桶的家长可能对采取灵活、渐进的方法的项目感到惊讶,与这些家长合作的照护者也可能因 1 岁左右的婴幼儿已经不用尿布而感到意外。

穿衣服

学步儿穿衣服、鞋子的尝试得到了支持和积极的鼓励。

- 照护者不鼓励学步儿自己穿脱衣服,因为"他们花费的时间太长了"。
- 照护者没有鼓励学步儿穿适合自己的衣服(例如,没有小小的纽扣或鞋带的衣服),因此孩子们在学习如何自己穿衣服时很困难,而且成人需要花很长时间来帮助他们。

发展适宜性实践	反例
生活常规	

关于穿衣服的解释：
——当学步儿的衣服（例如，带魔术贴的鞋子、带有松紧带的裤子）不需要他们运用很多的精细动作时，他们可以更有效地学会自己穿衣服。

发展适宜性实践	反例
与家长之间的互惠关系	
照护者与家长合作，时常与家长沟通以促进相互理解和信任，并确保每个学步儿的健康和最佳发展。	• 照护者不与家长沟通。
照护者尊重家长是孩子最重要的他人，并对孩子的健康和照护负有最终责任。他们关注家长的专业知识和对学步儿的依恋。	• 照护者将自身定位为"专家"，使家长感到自己经验不足而且对照护孩子不够了解。
照护者认真倾听家长对孩子的看法，努力了解家长的目标、优先事项和偏好，尊重文化和家庭差异。他们征求并吸收家长的建议来决定如何更好地支持学步儿的发展，或在出现问题和意见分歧时如何处理。	• 照护者忽视家长的担忧，或者屈从于家长的要求或偏好，即使这些与发展适宜性实践中的要求并不一致。 • 当孩子有困难时，照护者会责怪家长，或者他们要求家长因为项目内发生的事情在家中惩罚孩子。
照护者帮助家长对自己的孩子和养育感到满意（例如，通过分享当天发生的一些积极和有趣的事情）。	• 照护者只向家长提及问题。
照护者总是让家长在项目中感觉自己是受欢迎的。	• 照护者向家长传达竞争或高高在上的态度。 • 照护者使家长感觉自己阻碍了孩子的成长。

关于与家长之间的互惠关系的解释：
——当家长（或其他家庭成员）和照护者采取团队合作的方式时，他们能够一起找出解决问题和支持孩子的方法。尽管可能存在时间限制使沟通变得比较困难，但是视自己为家庭合作伙伴的照护者会努力与家长建立关系。在团队合作的方法中，照护者花费更少的时间来说服家长，用更多的时间试图理解家长的观点，并与他们分享发展适宜性实践的做法。

发展适宜性实践	反例

与家长之间的互惠关系

——帮助家长对孩子的积极品质感到满意，会引发家长对孩子积极品质的支持。大多数家长都想让自己的孩子感觉良好，但在某些文化中，他们可能不想听到孩子为自己感到自豪，相反，这样的家长可能会选择淡化孩子的积极品质，培养谦逊的品质。

政　策

健康和安全

照护者遵循健康和安全标准，包括正确的洗手方式和全面的预防措施，以限制传染性疾病的传播。	• 没有明确考虑卫生保健设施和程序，也没有把它们写下来。因此，成人在如厕或处理食物、餐具时往往会忘记洗手或其他必要步骤。 • 照护者在保持卫生方面并不一致。
空间的构造和设置考虑了健康和安全问题（例如，墙壁上是无铅、易清洁的涂料；地毯和其他地板覆盖物易于清洁；急救箱内备有药品，容易获取）。	• 没有合理布置空间，无法保证学步儿的健康和安全。 • 环境干净、安全，却给人枯燥乏味的感觉。

关于健康和安全的解释：

——照护者需要得到培训、支持和提示，以了解并始终遵循适当的健康和安全标准（例如，不允许学步儿分享杯子或勺子）。

人员配备

项目尽其所能聘用接受过有关学步儿照护培训的照护者。照护者能够持续接受培训和支持，以增加知识和提升技能。照护者知道如何指导学步儿，并有能力进行急救。	• 聘用未接受有关学步儿照护培训的照护者，或者他们的培训和经验仅限于照护年龄较大的儿童。 • 照护者认为学步儿是不成熟的儿童，不懂得欣赏他们独特的发展阶段。 • 照护者不了解学步儿发育迟缓或有待评估的迹象。

发展适宜性实践	反例
政　策	
项目聘用喜欢与学步儿一起工作的照护者。照护者对学步儿的沟通和需求能够予以热情的回应，并在学步儿变得越来越能干和独立时表现出相当大的耐心来支持他们。	• 项目聘用的照护者将照护学步儿看作一种日常琐事。 • 照护者对学步儿的期望很低，或者他们急切希望学步儿取得成就，对他们的努力尝试表现得没有耐心。 • 照护者不允许学步儿进行极限测试（"不！"），并不断地在琐碎的事情上与学步儿进行权力斗争。
项目限制小组规模和师幼比，最大限度地减少学步儿每天必须接触的成人数量。	• 小组规模和师幼比较低，不方便照护者对个别学步儿予以关注和持续监督，人员配备模式要求学步儿同时与多个成人建立联系。
项目确保每个学步儿与一两个主要照护者建立持续的关系。学步儿与照护者能够形成并维持积极的关系，并且每个学步儿与小组中其他孩子的持续关系能够得到支持。	• 人员配备模式经常将照护者从一个学步儿转到另一个学步儿身边或从一个小组转向另一个小组。 • 儿童的分组不断变化。 • 每个照护者都照料许多孩子，或只负责照护孩子的某一方面（例如，穿衣服），因此照护者不会在每个孩子身上花费足够多的时间。 • 员工流动率高，导致照护缺乏持续性，并影响了学步儿对照护者的依恋。

关于人员配备的解释：

——员工培训和支持非常重要，学步儿时期不同于婴儿期或学龄前阶段。

——学步儿需要基于关系的关爱和教育，项目应对小组规模和师幼比加以限制，以适应学步儿所需的亲密的人际关系氛围和高水平的监督。与少数照护者保持持续的联系，可以让学步儿感到安全、受保护，有助于他们的学习和发展。相反，如果照护者频繁流动，学步儿就不会与照护者建立依恋关系。

第五章

发展适宜性实践常见问题解答

教师、管理者、家长和政策制定者会询问关于发展适宜性实践的各种问题。在这里，我们简要介绍最常见的问题。这些问题的答案并非一成不变，它们随着儿童早期项目和学校环境、知识基础以及在该领域工作的个体思维而演变。因此，美国幼儿教育协会提供这些答案并不是要对这些问题给出最终定论，而是促进所有早期教育工作者之间进一步对话。

发展适宜性实践的支持者是否认为，只有一种正确方法可用于与婴儿和学步儿一起工作

实际上，发展适宜性实践的含义恰恰相反。每个孩子的发展、先前的经验、能力、偏好和兴趣都存在很大的差异，没有适用于所有儿童的公式。此外，为了有效地教育每个儿童，教师必须运用各种方法和策略，并在特定情况下有意识地选择使用什么。优秀的教师承认、支持、鼓励和创造挑战以促进儿童的学习和发展。儿童经常模仿周围人的行为，而教师总是有意、无意地建构着他们的行为，不要忽视这种间接学习。当然，婴幼儿教师也会通过直接教学提供具体、明确的信息，但首先应该鼓励孩子们去探索，并从中观察他们能否独立解决问题。

发展适宜性实践是一门课程吗

不，发展适宜性实践不是课程，它是一套指导方针，用于帮助教育者做出有关课程的决策以及支持和促进儿童发展、学习的教学策略。课程有多种定义方式，但最基本的定义通常是课程是什么，即支持儿童发展

和学习的内容、活动计划。规划适合儿童的课程是发展适宜性实践的一个方面，但没有特定的课程能被定义为"发展适宜性实践"。

有各种各样基于儿童发展和学习的基本原则的儿童早期课程方案，这些方案巩固了美国幼儿教育协会的发展适宜性实践指南。还有许多由商业机构开发的课程产品，反映了不同的学习和发展理论视角，或多或少地为教师提供了课程架构方面的支持。在制定、选择和实施课程时，应始终遵循发展适宜性实践原则。

同时，无论课程模式如何，教师只有了解儿童的一般学习、发展情况，调整教学材料，并且有经验和策略满足儿童的个人需求，才能使课程真正有效且发展适宜。课程很重要，但它并不能取代好教师。

发展适宜性项目是非结构化的吗

认为发展适宜性实践项目很少或根本没有结构是一种误解，事实恰恰相反。为了发展适宜，项目必须有经过深思熟虑的结构来建构和提高孩子的能力。因此，发展适宜的项目将日常生活和物理环境安排得很好，并使用有计划的课程来指导教师支持儿童的学习和发展。然而，发展适宜的项目结构并不是僵化的，它允许根据儿童的个体差异调整并且是灵活的，以适应儿童的兴趣和进步。

发展适宜性项目具有可预测但不严格的日程安排以及明确的限制，因此孩子们可以了解行为能否被接受。儿童处于可自由移动的环境中，并且在一天中都有机会接触适当的物品、设备和经验。锻炼发生在室外和室内，并且环境的设置是为了培养孩子的攀爬、平衡和其他身体技能。对婴幼儿来说，身体技能与智力发展密切相关，也有助于社会性情感发展。教师有意利用环境及其中的一切，使儿童获得重要的知识和技能。

有人说，发展适宜性实践的教室里的所有孩子都在游戏，是真的吗

研究表明，自发的、受教师支持的游戏在许多方面对儿童有益。当婴儿和学步儿游戏时，他们会参与许多重要的任务，例如，培养和练习新获得的技能以及调节情绪和行为。随着他们长大，游戏能帮助他们交朋友、创造性地使用语言，最终学会轮流以及适当地应对环境的要求。这就是婴儿和学步儿在一天中的大部分时间都需要游戏的原因。

游戏是发展适宜性项目的重要组成部分，年幼婴儿的游戏起初是探索性和操作性的，他们不断地抓、握、尝、扔各种玩具。婴儿在小组中也可能相互探索，而时刻关注孩子的照护者会教导他们温柔地对待彼此。对学步儿来说，有影响力的教师经常采取行动来增强和支持他们的游戏以及游戏中的学习，他们可以与孩子进行一对一的对话，并鼓励有主题、角色、指导和道具的假装游戏。研究表明，这些都与儿童的语言和读写能力发展有关。

但是，游戏不是孩子们在发展适宜性项目中唯一要做的事情。他们还参与丰富的常规活动，这些活动在与教师和同龄人交往、获得自助技能以及学习如何帮助他人方面成为重要的学习经历。婴幼儿也可以在小组中工作、听故事，偶尔也可能会在更大的群体中相遇。学习和发展的一个重要部分涉及问题解决，这可能发生在游戏或其他时间。允许婴儿和学步儿自己解决问题，而不是急着帮他们消除困难，这样做可能不符合某些家长的观念，但这是儿童学习的重要方式。

鉴于目前对改善学习成果和缩小成就差距的需求，游戏仍然是发展适宜性实践的主要组成部分吗

是的，当然是。2009年的立场声明比之前任何声明都更多地关注到游戏（NAEYC，2009）。事实上，随着相关基础研究的增加，还有更多关

于游戏的说法——游戏的巨大价值、游戏在当今媒介密集型世界中的濒临地位以及教师能做些什么让所有的孩子都能达到更高水平的游戏,这对促进儿童的自我调节能力和其他方面的发展和学习是最有益的。

我喜欢用自己的方式教学,发展适宜性实践会扼杀我作为一名教师的个性吗

教师和孩子一样,都是独立的个体,我们每个人都有自己的兴趣、能力、偏好、社会和文化背景以及造就我们的独特经历。发展适宜性实践要求教师创造一个关心学习者的共同体,其中一个重要的成员是教师。教师应将他们独特的自我,包括他们的才能和兴趣纳入项目。如果教师在艺术、音乐、文学、运动或者其他方面很擅长,那么他就能够在教学中运用自己的风格,因为这可能反映了他的优势。

重要的是,要牢记不是每个孩子都喜欢教师的教学风格,必须了解孩子们是如何学习和发展的才更有效,教师应使用各种各样的策略来满足孩子们的个人需要以及团队的需要。

我认为,发展适宜性实践是有道理的,但我所服务的家庭对如何照护和教育孩子有不同的看法,我该怎么办

首先,在与家长沟通时放下专业术语,不要使用"发展适宜性实践",而是与家长讨论你的想法、计划和项目目标,以及他们喜欢和期待的内容。

讨论的分歧始于你清楚地了解自己的偏好以及它们的来源,这可能需要你进行一些认真的思考,然后交流你的观点、倾听对方的观点,真正地倾听家长的疑虑。当你和家长明确地表达各自的目标后,你可能会发现共同点。要乐于向家庭成员学习,并愿意在此基础上扩展你对发展适宜性实践的看法。在成功的协商中,家庭成员也会学习和改变。如果你只是屈从于家长的要求,你将失去自尊,甚至可能会失去影响力。如果

家长只是屈服于你的立场，他们就会失去与你及孩子生活的联结。无论哪种情况都不利于孩子发展。目标是取得一个双赢的结果，教师和家庭互相学习，并提出一个有效的解决方案。

我希望我的孩子为将来的学业成功做好准备，他在项目中需要比发展适宜性实践更多的东西吗

发展适宜的项目为儿童的学习和发展做出了巨大贡献。有一项实证研究发现，这些项目确实为儿童日后在学校取得成功做好了准备，特别是生活贫困的儿童（Bowman, Donovan, & Burns, 2000; Schweinhart & Weikart, 1997; USDHHS, 2006）。一个好的项目可以帮助孩子获得他们日后在学校学习所需的基础，包括三个关键领域的能力：思维、情感和身体。这意味着他们需要获得思考技能（例如，有效地使用语言），学会识别和体验情感（例如，积极地利用伴随强烈情感而来的能量），并学会有效地运用他们的身体（例如，获得力量和平衡）。他们还学会与他人相处并关心他人。

在最初的几年里，重要的是要认识到基础学习领域是相互联系的，这对儿童日后的学校学习很重要——它们总是相互关联！因此，如果孩子没有在这些基础领域取得学习和发展的进步，这个项目就不是发展适宜的。

我从事残疾儿童教育工作，那么发展适宜性实践与特殊教育中使用的方法之间是否存在冲突

残疾儿童首先是儿童，他们与没有残疾的同龄人有着相同的发展和学习需求，并拥有许多相同的优势。发展适宜性实践其既要符合儿童当前的发展水平又要为儿童设定具有挑战性和可实现性目标的原则，对于有特殊需要的儿童同样重要。此外，我们从儿童早期特殊教育的数十年研究中了解到，残疾儿童在融合的环境中受益最多，也就是假设他们没有

残疾的环境（Odom，2002；Sandall et al.，2005）。

确定班级里有身心障碍的婴儿和学步儿的教师应成为一个由专家和家庭组成的团队的一部分，该团队为儿童制订并实施个别化的家庭服务计划。该计划以及参与性、融合的环境设置应确保孩子在实现家庭和项目的共同目标方面取得理想的进展。

我所在的项目为来自不同文化的孩子提供服务，我想了解发展适宜性实践对他们来说是否是最好的，发展适宜性实践适用于所有儿童还是某些儿童

发展适宜性实践原则要求教师关注儿童生活的社会和文化背景，并在创设适合儿童发展和学习的环境时考虑到这些背景。无论孩子以前的经历或文化期待是怎样的，教师都要帮助他们理解新的体验。有时，这种情况可能需要教师对孩子以前没有遇到过的限制或技能进行明确的指导，或者需要教师认识到孩子可以通过不同的经历获得相同的技巧和想法。例如，在某些文化中，某些婴儿需要教师用勺子给他们喂食的时间比其他婴儿长，教师要能够意识到遵从孩子母亲的喂养方式，婴儿总有一天会自主进食，尽管时机可能与该项目中其他家庭的预期不同。最重要的是，项目必须提供一个温馨的环境，尊重和支持所有家庭及其子女的家庭和文化背景。

我有时会因为儿童在贫困的环境中成长而感到沮丧，发展适宜性实践能够帮助他们缩小差距为入学做好准备吗

这是一个很好的问题，答案是"是的，但是……"缩小低收入家庭儿童和中产阶级家庭儿童之间的学业表现差距是一项艰巨的任务，需要在儿童生活的早期解决。早期干预甚至可以从产前开始，它对缩小语言发展和其他领域的差距至关重要（Tough，2009；USDHHS，2006）。显然，

如果想让低收入家庭的孩子和中产阶级家庭的孩子表现得一样好,那么为他们提供服务的项目就需要特别关注语言的发展。

如果没有干预,那么儿童早期环境的差异可能是惊人的。例如,一个专业人员家庭的孩子平均每年听到 1100 万个单词,而一个低收入家庭的孩子只能听到 300 万个单词(Hart & Risley,1995)。在早期,成人对婴儿发声的反应对于儿童早期口语技能的培养至关重要。咿呀学语是语言的前身,成人对语言的反应会增加咿呀学语的数量。认识到这一点很重要,因为担心词汇量不足的成人倾向于不停地对婴儿讲话,用语言淹没他们。然而,一项针对婴儿和母亲的研究发现,"母亲发起对话的频率并不能预测儿童的语言发展结果,重要的是,如果婴儿主动发起对话,母亲能否做出回应"(Bronson & Merryman,2009,208)。到学步儿时期,高回应性母亲的孩子在语言发展方面比低回应性母亲的孩子领先 6 个月,这对家长和教师来说是很重要的信息。正如玛格达·戈贝尔(Magda Gerber)所强调的那样,对婴儿的行为做出反应是非常重要的,已有研究也支持了这一点。

与双语学习者一起工作的教师还有额外的挑战,即确保这些孩子继续保持和发展他们的母语。许多成人担心学习两种语言会使婴幼儿的语言发展混淆和延迟。然而,研究表明这是不正确的——事实上,在婴幼儿项目中特别注意支持儿童家庭语言的学习是非常重要的(Stechuk, Burns, & Yandian,2006)。此外,正如塔博尔(Tabors)所说:"研究表明,在学校里表现最好的双语儿童是那些在母语方面有很强基础的人"(2008,131)。

发展适宜性实践的原则和指导方针理应成为我们为所有儿童及其家庭努力提供良好服务的基础。如果我们能像发展适宜性实践所要求的那样,真正地满足学习者的需求,帮助他们达成具有挑战性和可实现性的目标,我们就能促进他们的学习和发展,为他们带来巨大的长期利益。但是,哈特和里斯利(Hart & Risley)的研究表明,有些孩子需要补偿教育。因此，教师需要了解他们所教的孩子的学习需求以及在帮助这些孩子获得更高成就方面的教学策略。

还应该注意的一个重要事实是，生活在贫困环境中的儿童和家庭通常需要获得包括健康、营养、精神健康和社会服务在内的全面服务。早期开端计划以及其他以各种方式提供资金的项目会提供此类全面的服务。虽然数量不足，但这类项目确实起到了作用。因此，提倡这些服务对所有关心儿童福祉的人来说都是重要的。

我听说，发展适宜性实践是指不要催促孩子，给予他们"时间礼物"，是这样吗

"时间礼物"这一表述源自一个合理的担忧，即不要过早地对孩子期望过高。给孩子时间既有好处也有坏处。

婴儿和学步儿都有自己的发展时间表。如果你强迫他们在准备好之前达成目标，那么他们很可能会跳过基本技能，而这些基本技能则是达成目标所需的基础。但是，给孩子太多的时间也可能会对孩子造成伤害。为什么？时间不仅促进儿童发展，而且塑造儿童和物体、他人接触的经历。在贫困环境中长大的婴儿几乎没有机会与成人形成积极的依恋关系，也没有机会探索、了解环境和自我，他需要的不仅仅是时间。直接受到或目击过暴力行为的婴幼儿则尤其需要干预。旨在了解婴幼儿个人需求的发展适宜性实践项目可以带来一些不同，而仅仅给予孩子时间是做不到的。

因此，发展适宜性实践并不意味着简单地等待孩子们"准备好"，这意味着设定适宜的发展期望并理解尽管存在一些生理上的限制，但孩子的学习经历能够推动他们的发展。例如，2岁儿童缺乏操控铅笔和写字母所需的精细动作技能，但挖土、玩黏土及其他小肌肉活动有助于形成必要的肌肉，同时乱写乱画能够帮助他们做好书写准备。成熟是需要的，经验也是。

第六章

《幼儿》杂志文章汇编

高质量婴儿照护的关键：呵护每个宝宝的生命之旅*

婴儿教师需要了解大量的关键思想和各式各样的活动，从而促使每个孩子形成充满爱的善意、深思熟虑且流畅的语言运用能力、主动学习的强烈好奇心、乐于合作的精神以及努力掌握新技能的强烈愿望。以下观点可供教师在与婴儿的互动中使用，从而优化每个孩子的发展。

了解每个宝宝的独特个性

4个月大的露西把手放在脸前来回转动，这样她就能看到手心和手背之间奇妙的视觉差异。8个月大的杰克逊在教师敲着鼓高唱"玛丽有一只小羊羔，它的毛像雪一样白"时节奏准确地欢乐蹦跳着。在户外，1岁的杰米坐在婴儿秋千上，凝视着自己从裤洞中伸出的脚。多么有趣啊！这就是他在换尿布时看到的那双在空中挥舞的脚，他还得意地把这双脚拿到嘴边咀嚼。

教师可以捕捉到每个孩子的特殊个性，尤其是他们的气质。气质大多是天生的，主要分为三种类型（Honig, 1997）。有些宝宝比较低调，他们适应新照护者、新食物和新环境往往很慢，需要令人安心的握手和更多的身体支持才能开始尝试一项新活动。有些宝宝则比较活跃，有时甚至是急躁的。不管是生气还是高兴，他们都倾向于表现出冲动、强烈的

---

* 本文作者是艾丽斯·斯特林·霍尼格（Alice Sterling Honig）博士。

情感反应。而随和的婴儿通常是友好的、快乐的，接受新的食物和照护者时不会太大惊小怪，并适应得相当快，在经历过痛苦或突然的变化后，其适应能力会变得更灵活。试着去弄清楚你所照护的每一个宝宝是低调慢热的、活跃热情的，还是随和自在的。体贴的成人拥有与孩子个体气质相协调的敏锐反应将有助于孩子在群体环境中适应和发展。

身体上的关爱

你的身体是婴儿安全的避风港。的确，当有些宝宝躺在你的肩膀、趴在你的肚子上随着你所坐的摇椅摇来摇去时，或是当那些很小的婴儿在吊篮里依偎几小时时，他们会一直很快乐。正如蒙塔古（Montagu, 1971）几十年前教导的那样，婴儿需要身体上的关爱："人类要想变得温柔、有爱、体贴，就必须在人生最初的岁月里得到温柔的爱与照顾……爱抚、拥抱与安慰"（138）。

当你抱着他们的时候，一些宝宝可能会箍住你的脖子、舔你的咸胳膊、拽你的头发、拉你的眼镜，或者用其他方式向你展示，你的身体作为一个神圣而特殊的游乐场是多么重要。平静地告诉婴儿，你需要戴上眼镜才能读故事，通过这种方式来教会他们温柔。一遍一遍又一遍地使用"温柔"这个词。伴着缓慢的华尔兹音乐与你怀里年幼的孩子一起贴脸舞蹈，这在沉闷的日子中是件多么棒的事啊！在你做一些日常工作时，比如走到另一个房间去拿东西的时候，也要带着孩子。

慷慨地提供缠绕和触摸的时间，以滋养孩子的幸福感。慢慢地抚摸宝宝的头发；抚慰紧张的肩膀；亲吻宝宝的一根手指，然后看着他把其他的手指也伸过来等着被亲；用你的双臂抱着孩子晃动，使他获得安全的慰藉。当我们在宝宝的婴儿时期确认并满足他们的依赖需求时，他们就能学习独立起来。抚养者慷慨地拥抱、爱抚、将婴儿抱在肩上和肚子上，能够带来一种幸福感和身体上的确定性。

建立亲密的情感联结

扫视周围的环境,这样你就能接近每一个婴儿。注意那个独自安静地坐着、嘴里叼着一个玩具、眼睛茫然地来回晃动的婴儿。注意他们害羞地企图引起你注意的行为,比如垂下眼睑的短暂微笑。气质随和或谨慎的孩子对你的关注的需求,并不比冲动地爬上你全身寻求关注的孩子少。

无论婴儿躺在婴儿床上咕咕叫,有目的地爬向自己想要的玩具,还是用脏兮兮的手指快乐地自己吃东西,你都要用赞美的眼神看着他们,并频繁亲切地叫出每个孩子的名字。当你吟诵他们的名字时,即使他们正在无理取闹,大多数婴儿也会安静下来。

虽然婴儿不理解词汇的意思,但当你的声音听起来充满赞赏、像被他们迷住似的高兴地和他们说话时,他们确实能明白音调上的细微差别和流露出的爱意。在换尿布的时候,告诉宝宝他看起来香香的,你喜欢他圆鼓鼓的小肚子和小脑袋上的几根细毛。看着他高兴地把腿伸到尿布上,你的语气让他对自己的身体产生了深深的愉悦感(Honig,2002)。

协调的节奏

节奏在人类活动中是很重要的,它在成人突然或平稳地进行日常活动中有所反映。因为成人有太多的任务要做,有时我们会表现得不耐烦或动作过快,例如,在给婴儿穿衣服去户外玩耍时。当穿衣或进食时,从容的行为会让人平静下来,向孩子们昭示着,我们有时间陪伴他们。可以缓缓地抚摸婴儿的背部,用低声的吟唱哄他们入睡。

一个正忙着爬过地毯的婴儿看到了一个玩具,并抓住了它,然后扑通一声坐下来检查,并试图把它拉开。他慢慢地来回看着玩具,悠闲地从一只手传到另一只手。他没有意识到教师想要打断他,因为他爸爸要来接他了,教师正急着给他穿衣服。他们如果被不停地催促,就会感到沮丧,甚至会发脾气。

> 孩子们需要时间和愉悦的支持来完成自己正全神贯注的活动。

增强勇气与合作

你的出现可以安抚焦虑的婴儿。待在孩子附近,轻声抚慰,帮助他克服对小婴儿滑梯的恐惧。帕斯卡尔坐在滑梯顶端,看起来非常不安。他会看看你的脸上有没有"继续"的信号,以确保他能勇敢地从对他来说看起来这么长的滑梯上滑下来。你可以跪在滑梯底部,微笑着告诉他,当他准备滑下去的时候你会在那里接住他。

运用玛格丽·马勒(Margaret Mahler)的巧妙说法,就是扮演"加油站"的角色(Kaplan, 1978)。有时,婴儿的自主学习冒险会彻底失败。你的身体和安抚为宝宝提供了情感支持,让他们重拾勇气,再次开始学习冒险。

在穿衣、洗澡、午睡、喂食等日常生活中建立充满爱的习惯。婴儿喜欢知道将会发生什么事,以及什么时候、在哪里、怎样发生。众所周知,当婴儿熟悉的、舒适的日常生活被改变时,他们会拒绝吃午餐。在大扫除的时候,如果你把一些家务变成游戏,稍大一点的婴儿会更灵活地应对,也更愿意帮忙。通过吟唱儿歌,收拾玩具就变成了一场冒险,可以让孩子找到那些需要放在同一个架子上的大块积木,然后再找到需要一起放到另一个地方的小块积木。

解决压力

依恋研究表明,那些与教师建立了安全的情感关系的婴儿,他们的痛苦信号会被注意到、正确地解读、迅速而恰当地回应(Honig, 2002)。在早上的入园时间,要留意孩子的分离焦虑。有时候,抱着孩子,默默地同情他们的悲伤情绪比分散他们注意力的强烈行为更有帮助(Klein,

Kraft, & Shohet, 2010)。当你越来越擅长解读婴儿的痛苦和不适的身体信号时,你的反应会变得更加敏感(Honig, 2010)。

了解发展里程碑

了解发展标准可以帮助教师判断什么时候该感到惊讶、什么时候该感到担心、什么时候该为孩子取得的里程碑式成就感到高兴和欣喜。早晚的如厕学习可以在18个月到5岁的任何时间完成。这是一个"宽范围"的发展时间窗口。相比之下,学会用大拇指和食指钳形拿起高脚椅托盘里的一片麦片,通常是在13个月前的一个"窄范围"的时间窗口内完成的。11个月大的时候,大多数婴儿已经可以熟练地使用前两根手指。

磨炼你的侦察技能

如果婴儿尖叫着把膝盖向上猛提到自己的腹部,你可能会猜想有一个令他痛苦的气泡。抱起婴儿,轻拍他的背部,直到你感到他打出了嗝。这对你和婴儿来说都是一种解脱。也许,脾气暴躁、哭哭啼啼的婴儿只需要在照护者熟练地换完尿布后被安静、平稳地放进被窝里打个盹就好了。如果婴儿在哭闹、打滚,但是他刚刚才打过嗝、换过尿布呢。运用你所有的侦察技能来确定原因。今天热吗?他可能渴了。喝点水可以帮助他平静下来。

注意压力的迹象

仔细观察孩子的身体,寻找压力迹象。呆滞的眼神可能暗示着他们需要更多亲密的、充满爱的交流。紧张的肩膀和严肃的表情通常意味着孩子在害怕或担心(Honig, 2010)。强迫症似的摇摆可能意味着婴儿感到绝望、孤独。要注意他们孤独、寂寞和萎靡不振的状态。

有些婴儿在一天快结束的时候会变成"软骨头",需要被抱着和依偎着。甜声轻诉能使他们安心，提供一小块涂着过滤过的苹果酱的点心有助于安慰宝宝的味蕾，舒缓他们的焦虑。从上到下检查他的身体是否有压力或紧张的迹象，比如不眨眼、磨牙、啃指甲、经常握紧拳头，从而制订一个有效的舒缓计划。保持警惕，注意孩子令人担忧的身体迹象，它们能在孩子有能力通过语言表达压力之前让你明白你需要知道的事情（Honig，2009）。

玩学习游戏

父母和教师是婴儿最喜欢的玩伴。与婴儿玩学习游戏时，要注意他们的动作。问问你自己，这个游戏对婴儿来说是否足够熟悉和简单到可以"跳上发展的阶梯"（Honig，1982），增加挑战性了。抑或这个游戏仍旧容易让婴儿感到挫败，这时候就需要"跳下去"，简化活动来让婴儿获得成功。

在地板和尿布台后面放置安全的镜子，这样孩子们就可以观察和了解自己的身体。抱着婴儿对着镜子，让他们伸手拍拍镜子里的脸。小孩子躺在地板上，在被固定得牢牢的镜子前扭来扭去，就会了解自己的身体轮廓。

你的身体可以为一些早期学习活动提供舒适的支持。让婴儿坐在你的腿上，看着他协调视觉来抓握你晃来晃去的玩具。婴儿喜欢玩"躲猫猫"，它有助于促进客体永久性的发展，即婴儿能够认识到，当客观物体位于视线之外时它们仍然存在。躲猫猫游戏也会象征性地告诉孩子，即使有一会儿看不到某个特别的成人，那个亲爱的人也会再次出现。

提供身体游戏活动

在婴儿6个月大前就开始和他玩伴随童谣节奏拍手的游戏。当你温柔地握住婴儿的双手，把它们张开又合上时，慢慢地、欢快地唱："蛋糕，蛋糕，面包师傅；尽快给我烤个蛋糕。拍一下，卷一下，在上面写上'B'，放进烤箱给我和宝贝（宝宝的名字）。"当你有节奏地、缓慢地牵着宝宝的手玩游戏时，要面带喜悦的微笑；当你在儿歌中强调婴儿的名字时，要提高声调。在接下来的几个月里，只要你开始念诵这些词，宝宝就会把双手放到身前，做与这个游戏相关的手部动作。9—11个月大的婴儿甚至会开始完整地模仿这个游戏中的转手动作。

为了鼓励学习，试着安排一些有更多肢体动作的游戏。例如，与宝宝在地板上脚对脚地坐着，然后示范如何把一个球滚来滚去。

引入感官体验

安全的感官体验对这个年龄段的孩子来说是理想的。当婴儿把一个玩具从一只手换到另一只手上、翻转它、戳它、尝它的味道、敲打它，甚至咀嚼它的时候，他就是在利用自己的感官来了解玩具的物理特性。教师可以吹泡泡，这样婴儿就可以伸手去抓泡泡然后跟在泡泡后面爬。可以提供含有大量盐的橡皮泥，但要防止孩子把它放进嘴里。大一点的婴儿喜欢探索手指画或无毒蛋彩画以及油性画笔。

玩社交游戏

给一个坐着的婴儿一些吸引人的东西。伸出你的手，微笑着说："请把它给我。"婴儿可能会咀嚼"礼物"，比如安全的木块或厚实的塑料圆柱。在宝宝把礼物递给你之后，说声"谢谢"，然后微笑着把礼物还给他。对婴儿来说，和你玩"互让"游戏是一种社交乐趣，能教会他们轮流技能，这对婴儿多年后友好地进行社会交往至关重要。

坐在椅子上玩弹跳游戏，让宝宝的背紧贴着你的肚子。当你停止弹跳并喊出"小马，跑起来"后，婴儿往往会用屁股弹跳，好像在提醒你要一遍又一遍地开始这个游戏。大一点的婴儿会通过强烈要求"更多的小马"来让你重新开始游戏。婴儿也喜欢动觉刺激，比如当你在婴儿秋千上轻轻摇晃他们的时候，或当你拉着或推着婴儿车在房间或操场上走动时，婴儿都会高兴地咧着嘴笑。

观察婴儿探索和学习的方式

观察婴儿学习什么以及如何学习，然后调整活动来提供更大的挑战。观察能够提供信息，这些信息可以让教师决定什么时候以及如何安排孩子的下一步学习活动。静静地看着一个婴儿下定决心尝试把圆木环套到杆子上。当他渐渐意识到，如果杆子没有穿过圆木环中间的洞，那么圆木环就不会从杆子上掉下来时，他惊讶地瞪大了眼睛，这是一个令人沮丧但很重要的经验。教师可以平静地演示如何将圆木环放在杆子的顶部，同时用简单的词汇描述圆木环发生了怎样的变化。也可以温柔地引导宝宝的手，把圆木环放到杆子的顶部，让他感受到成功。

在日常生活中提高语言和读写能力

与婴儿交谈，用积极的谈话回应他们"咕咕哝哝"的咿呀学语。当宝宝发声时，告诉他："你真是个了不起的健谈者。再跟我多说一些吧。"

尿布台是进行语言游戏的好地方。与年幼的婴儿一起练习"父母语"，即一种提高声调、拖长元音、缓慢而简单的说话方式。它能够激活那些通过传递信息来帮助婴儿学习的大脑神经元（Doidge，2007）。一连串的化学物质和电信号会沿着婴儿的神经通路传导。当你是一个体贴的、令人愉悦的谈话伙伴时，婴儿会对你有所反应。成人偶尔地暂停说话来让宝宝获得说话的机会，当宝宝开始感到疲劳时，就优雅地结束对话游戏。

谈论玩偶、毛绒玩具、你自己和婴儿的身体部位。当你把宝宝抱到你的膝盖上，继而抱到你的肩膀上时，说一说他都看到了什么。或者在进餐时间交谈，将每一个日常活动作为提高婴儿口语表达能力的机会（Honig，2007）。

每日阅读是一种亲密的一对一活动，小婴儿在一天中的不同时间和不同空间中都非常喜欢这种活动（Honig，2004）。越早让孩子迷上阅读越好。频繁地共同阅读图画书的体验是无价的礼物。早期愉快的阅读体验使孩子在几年后的小学生活里成功地学会阅读（Jalongo，2007）。

在每天的阅读和分享图书时，和一个或几个孩子拥抱依偎在一起。使用富有戏剧性的语调和充满爱意的文雅的词句。当你大声朗读时，你就是故事的主人。根据孩子的实际需要，可以随意添加或缩减图画书中的文字。当你坐在地毯上，孩子们依偎着你的身体听你分享图画书时，集体阅读会变得很愉快。教师们通常更偏爱与孩子单独阅读的亲密感（Honig & Shin，2001）。这种个体化阅读可以帮助紧张或易恼怒的宝宝在你的腿上放松，因为他会深深地沉浸在分享图画书的体验当中。

支持掌控体验

孩子们在生命的最初几年里掌握了许多语言、身体和社交技能。当婴儿成功地完成一项任务，比如成功地将蒙台梭利圆柱放入对应的凹槽时，观察他们因为成功掌控和自我欣赏而感受到的喜悦。婴儿喜欢为自己的努力鼓掌。精心安排的掌控活动会带来很大的愉悦感，让人想不断地探索、尝试和学习。当宝宝骄傲地从咖啡罐里拿出一根长链，然后慢慢地把它塞回罐里时，看看他有多高兴。他为自己能成功地把一根又长又细的链子装进一个直径很小的圆容器里而自豪地挺起双肩。

> 精心安排的掌控活动会带来很大的愉悦感，让人想不断地探索、尝试和学习。

维果茨基指出，"最近发展区"对于成人和儿童在学习活动中的协调互动至关重要。当一项任务对孩子来说太困难以至于无法独立解决的时候，教师在帮助他取得成功的过程中起着非常重要的作用。当宝宝试着把一个积木叠在另一个积木上时，如果他感到受挫，教师就要扶稳他的手肘。对于有一定难度的小狗拼图，教师可以用胶带把一些拼图块粘起来，这样婴儿就可以成功地把小狗的尾巴和头的拼图块放在正确的位置。如果宝宝已经在打滑的一叠杯子上挣扎了一段时间，那么只要把那叠杯子放稳，他就可以成功地把一个小杯子插入一个大杯子中。

提升社会情绪能力

婴儿从养育他们的人那里学习共情和友好。共情包括认知和感受他人的痛苦，并试图以某种方式提供帮助。一个年幼的婴儿看到另一个婴儿在哭时，可能会表现得很担心，他会吮吸自己的拇指来安慰自己。15个月大的迈克尔和保罗争夺一个玩具，保罗哭了起来。迈克尔看起来很担心，就把玩具给了保罗。但保罗不停地哭，因此迈克尔还给出了他自己的泰迪熊。但是保罗依然在哭。迈克尔停顿了一下，然后跑到隔壁房间为保罗取来了他的安全毯。此时，保罗停止了哭泣（Blum，1987）。

友好包括适应，从而一起游戏。例如，把一个孩子挪开给同伴让出空间，或者主动邀请其他婴儿一起游戏。也许他们可以轮流在一个纸板房子里进进出出地蹒跚学步。当婴儿坐在彼此身边、友善地玩着玩具时，他们会表现得很友好，会因为彼此挨得近而感到高兴。麦克马伦（McMullen）和同事们（2009）观察到，在一些婴儿教室里，积极的社会情感交流是很罕见的。但是，当教师们深切地表现出尊重式照护时，他们就能观察到婴儿确实发展出了早期的同理心，并且内化了他们所经历的友好互动。一名教师的行为被这样描述：

> 她美妙且温柔的态度，她对孩子说话的方式，仿佛他们全都是她的朋友……只有完全尊重和重视孩子的人，才会像她一样付出那么多的努力，她每天早上简直就像为贵宾准备漂亮的餐桌一

样。(McMullen et al., 2009, 27)

> 当教师们深切地表现出尊重式照护时,他们就能观察到婴儿确实发展出了早期的同理心,并且内化了他们所经历的友好互动。

结论

在未来的人生中,婴儿不会记得你在他最初几年里所给予的无数温暖的照护。然而,被爱和被珍惜的感觉将会成为孩子一生的身体记忆。这种被爱的感觉会在几十年后渗透到他们积极的情感和社会关系中。

保持你自己的快乐通道畅通。婴儿期多么短暂啊。小孩子很快就会进入青少年时期的神秘世界,那时的他们更喜欢和同龄人一起玩,而不是依偎在成人的大腿上。想一想自己在照顾小婴儿时由自信和快乐生发出的深深的个人满足感,例如,听到婴儿说出第一句话,看到他在取得新成就时的快乐神情,望着他听你讲故事时仰起的着迷的脸庞,感受到他为了醒神和感受你身体散发出的充满爱意的抚慰而困倦地趴在你大腿上时的信任。

在我们这个科技发达、经济困难、城市化程度越来越高的世界里,生活变得越来越复杂。但教师,依然是每个孩子进入"成长"世界的无价向导!你温柔地牵着每一个小孩的手——无论从字面上还是象征意义上——引导每一个婴儿感受被爱、惹人爱、被珍惜的美妙感和身体上的确定感,让每一个婴儿都能充分参与成长、爱和学习的冒险。

你的养育强化了婴儿继续学习、合作、友善、成长为充满爱的人的决心——从项目的世界开始,到更广阔的世界中去。当孩子开启独特的人生旅程时,你能给他们的最好的礼物就是成为他们最好的向导。

仪式和常规：支持婴幼儿和他们的家庭[*]

乔希把20个月大的埃利安娜带到了家庭托儿所。谢莉塔用热情的"早上好"和他们打招呼。埃利安娜把头埋在父亲的肩膀里。谢莉塔拍了拍埃利安娜的后背说："和爸爸依偎在一起感觉真好。"乔希告诉谢莉塔埃利安娜昨晚睡得如何、早餐吃了什么。埃利安娜瞥了一眼谢莉塔，谢莉塔说："我看见你在看我！来吧，爸爸去上班的时候，让我抱着你。你知道该怎么做，给爸爸一个吻和一个拥抱，然后我们就走到窗前。看，当爸爸上车时，他会转身向你挥手。"埃利安娜看着爸爸转过身来向她挥手，她也挥手回应。

对埃利安娜和父亲来说，早上的入园时间并不总是这么顺利。当埃利安娜第一次来到谢莉塔的班里时，她很难同意让父亲离开，父亲也很难离开。谢莉塔建议她和乔希想一个他每天早上离开时的仪式。埃利安娜能够从这种转变中感受到某种控制（或者至少理解了自己的角色），这可能会让他们都更容易和对方说"再见"。

开篇所描述的小策略是乔希提出的，因为这就是他和伴侣把埃利安娜留在家里给保姆照看时所做的。一开始，埃利安娜还是会哭。但随着时间的推移和耐心地培养，这种每天例行的仪式为她在家庭托儿所与父亲分离铺平了道路。

什么是常规

"常规"（routine）和"仪式"（ritual）有时可以互换使用。然而，它们之间存在一些重要的区别。常规是指为孩子生活中的日常任务奠定基

---

[*] 本文作者是琳达·吉莱斯皮（Linda Gillespie）和桑德拉·彼得森（Sandra Petersen）。

础的、重复发生的、可预测的事件。教师可以在早期教育项目中为婴幼儿设定可预见的常规，而且可以根据儿童的睡眠和饮食需要制订个性化的常规，以支持儿童自我调节能力的发展。将常规个性化意味着事件发生的顺序是相同的，但是具体行为和时间可能会因孩子的不同而有所不同。

对婴幼儿来说，典型的活动日程包括入园、游戏、吃点心、午餐、午睡、吃点心和离园，中间还要加上在需要的时候换尿布、在一天中的预定时间检查尿布。在这个活动日程中，每个孩子入园的时间不同，午睡的时长不同，饿了才会吃东西，等等。但活动日程仍然是一致的，为一天的活动提供了基本的框架。熟悉的模式有助于婴幼儿知道该期待什么以及何时期待。然而，即使常规是一致的、可预测的，仪式也可以减轻或加强常规的某些方面，使其对孩子和照护者来说变得更易操作和有意义。

什么是仪式

仪式可以被定义为一种帮助我们在生活中良好地应对情感上认为重要的事件或转变、强化我们日常生活中的某些方面以加深人与人之间的联系和关系的特殊行为。对成人来说，仪式有时与婚礼、葬礼、假日和宗教仪式等活动有关。它们提供了一种方式来承认这些事件的重要性，而且这种方式通常是令人欣慰的。

在童年早期的环境中，父母和孩子之间或教师和孩子之间可以通过创建仪式来缓解或丰富情感负荷的时刻，比如分离。仪式是一种特殊的练习，它能帮助孩子接受常规中比较有压力的方面，即使是个性化常规也一样。在开篇案例中，入园常规中的离别仪式为告别时困难的情感体验提供了一座桥梁。

仪式的时间、可预测性和可靠的情感基调给孩子、父母和教师带来了舒适感和控制感。它们帮助孩子管理或调节由变化引起的不安情绪，并在每一次令人安心的重复中拉近孩子与父母、教师之间的距离。仪式通过为孩子提供一种可以在压力大时管理自己强烈情绪的方法来支持他们自己调节情绪。

仪式与孩子的个人需要、年龄和家庭文化相协调，因此它们具有发展适宜性。每个仪式都是针对特定的孩子、家长、教师的一套独特的做法。埃利安娜的仪式与她的发展阶段相匹配。但这个仪式对6个月大的婴儿来说是行不通的，因为他们的记忆力发展水平还不足以支持他们在脑海中记住一连串的事情。

仪式是有文化适宜性的，因为家长在帮助创建仪式时会分享他们处理特定常规或情感上困难的事件的信息。例如，教师在与10个月大的博比一起洗手时往往会给他唱ABC歌，这样博比就能在限定的30秒内洗完手。教师之所以用这首歌，是因为博比的妈妈在家里就用这首歌。对30个月大的埃里克来说，教师要会唱一首关于泡泡掉进下水道的歌，这是他们一起形成的一种仪式，好让这30秒飞逝而过。这些简单的洗手仪式有助于加深教师与每个孩子的关系，甚至让平凡的小事对孩子和成人而言都变得有意义。

仪式不仅仅是为了让婴儿更容易过渡，也是为了帮助婴儿生命中的重要他人。儿科医生和著名精神病学家唐纳德·温尼科特（Donald Winnicott）曾说：

> 没有'婴儿'这种东西……只有'婴儿和某个人'。婴儿不可能单独存在，他们本质上一定是某种关系的一部分。（[1964] 1987, 88）

仪式可以为孩子生命中的重要他人提供支持。当谢莉塔为了帮助埃利安娜在入园环节平和地过渡而向乔希获取支持、将他的经验与实践考虑在内时，乔希感觉自己受到了尊重。由父母、孩子和教师一起创建的仪式将尊重每一方的感受。因此，仪式能够支持建立和深化父母与孩子之间以及父母与教师之间的紧密联系。随着时间的推移，埃利安娜逐渐适应了谢莉塔的家庭托儿所，并形成了新的方法以满足自己对安全和控制的需求，早上的离别仪式便可能会有所改变。这个仪式将为她获得新的认识提供跳板。

仪式是处理常规的一种有意为之的方式，常规中的个体需求都会被仔细考虑。对早期教育专业人士来说，这是一种与家长、孩子建立更深层次联系的方式。仪式和常规一起发挥作用，创造安全的环境，从而培养婴儿和照护者之间的关系。它们加强了父母和孩子之间的联系，也在父母和教师之间建立了合作关系。

想一想
- 你认为，仪式在你的生活中发挥着什么样的作用？
- 什么仪式对你特别有帮助？为什么？

试一试
- 想一想你照护的孩子，你用什么方式来支持他们一整天的过渡？
- 与家长谈论他们在家里实践的仪式。洗澡和就寝是孩子的生活常规，如果孩子突然开始害怕天黑或担心自己掉进下水道，那么成人也许可以使用某种特殊的仪式来帮助孩子控制自己的恐惧。

增进与具有不同语言和文化背景的婴幼儿的相处 *

梅莉在中心的第一天,妈妈抱着18个月大的她走进教室,用中文普通话对着她耳语。当妈妈放下梅莉的时候,妈妈紧张地微笑着向教师点了点头,然后走出了门。不出所料,小梅莉哭了起来。她追着妈妈跑,但是门已经关了。大人们试图安慰和转移梅莉的注意力,但她一个字也听不懂。梅莉不知道妈妈是否会回来,什么时候回来。

许多家人不止说英语一种语言的婴幼儿在进入早期教育项目时都有类似的经历。当你思考梅莉的压力时,也想象一下妈妈的感受,她会整天想着女儿绝望的哭声。当她回来接梅莉时,由于英语水平不高,她无从得知女儿在这可怕的第一天中过得怎么样。但是,如果以另一种方式来处理这种情况呢?

在美国新泽西州普莱恩菲尔德市的国王女儿日间学校(King's Daughters Day School),刚刚到达婴幼儿教室的梅莉听到了几句用普通话说的安慰的话语,尽管教师们大多都说着英语。教师们问了梅莉的父母几首她最喜欢的歌曲,这样他们就可以用这些歌曲来帮助梅莉在新的环境中更加感到舒适、受欢迎。当梅莉的妈妈回来接女儿时,一位教师给她看了几张梅莉白天开心玩耍的照片。在充满不同语言的婴幼儿项目中,几个简单的步骤就可以让孩子和家长的体验完全不同。

随着婴幼儿项目面临日益多样化的挑战,它们需要重新审视自身在各个实践领域对儿童和家庭的影响,从招募新生源到备课,再到改变教师与来自不同语言和文化的儿童和家长的互动方式。婴幼儿第一天来项目

---

* 本文作者是卡伦·N.·内梅斯(Karen N. Nemeth)和瓦莱里娅·厄尔多西(Valeria Erdosi)。

的情况可以为家长之后在项目中的参与度打下基础。

国王女儿日间学校是美国幼儿教育协会认可的早期教育项目，这里的主管领导和教职员工都非常认真地承担这项责任。作为美国最古老的儿童发展项目之一（成立于1906年），它在小而多元的普莱恩菲尔德市备受重视。这所走读学校为从婴儿期到学龄期的儿童提供服务，它的5间教室里有55名会走路的婴幼儿。在撰写本文时，这些儿童中有60%来自母语非英语的家庭，包括西班牙语、中文普通话、乌尔都语和南美洲土著方言。

当婴儿与父母分离，被留在一个新的地方，由说着不同语言的陌生成人照护时，所有的调整都是必要的。一门新语言只是其中的一部分。重要的是，要记住"语言是一个认知过程，它受到所有发展领域的影响，包括运动、社交和情感。语言习得还受到孩子成长环境的影响，包括家庭、社区和生活的文化环境"（Fort & Stechuk，2008，24）。在设计针对双语婴幼儿的有效的、发展适宜的策略时，需要考虑所有这些因素。

母语是孩子与家庭环境中的爱、教养和经验之间的连接。加强父母和孩子之间的联系需要持续地支持母语。在孩子学习英语的同时，建构母语也有认知上的益处。研究表明，双语环境下成长起来的孩子拥有更高级的自我调节能力和元语言技能（Yoshida，2008）。在两种语言环境中长大有助于孩子更好地理解语言的一般工作原理，因为他必须清楚每种语言的特点和规则，这有助于孩子成为成功的语言学习者。

家长和教师需要在养育孩子方面形成共同的理解和愿景，即充分利用家庭丰富的文化和语言传统的全部优势，同时也让孩子接触英语（Notari-Syverson，2006）。婴幼儿教师、家庭访客、家庭托儿所监察员、大学教师、项目主管、培训师、保姆、咨询师、治疗师、早期干预提供者、儿科医生和社会工作者都需要具备支持在双语环境中成长、具有独特文化传统的儿童发展的策略（Nemeth，2012）。

所有的婴幼儿都需要成人培养、支持和教授母语和文化，因为研究表明，这一基础是儿童在学习英语中取得潜在成功的重要因素。即使是婴儿，完全沉浸在只使用英语的项目中，减少他们使用母语的经历，也无法获得学习或发展的优势（August & Shanahan，2006）。在项目中需要明确，满足每个孩子的语言需求必须是团队共同的工作，从领导或主管到项目中的员工或志愿者。以下策略将有助于解决这些关键点。

与新来的孩子及其家庭建立联系

每座建筑物都需要有良好的地基。与不同的新家庭建立牢固、互利的关系的最好方法是，在这些家庭进入项目之前打好基础。一开始，让父母在离开孩子之前有时间和孩子一起参加几小时活动。国王女儿日间学校要求家长在孩子正式加入项目前，花三个上午和孩子一起参加项目的活动。在与不同的家庭建立联系方面，以下方法可供参考。

> 与不同的新家庭建立牢固、互利的关系的最好方法是，在这些家庭进入项目之前打好基础。

接触社区里不同的家庭

让家长知道，你的项目已经准备好迎接不同的语言和文化，这对招生有好处，也为与每个潜在客户建立积极的关系奠定了基础。国王女儿日间学校用英语和西班牙语印制传单，并在文化节、公共图书馆和其他公共场所进行展览。

表现出欢迎的第一印象，欣赏多样性

为了让家长感觉到自己选择了正确的项目，标志和展览上的图片和语言应该反映相应的语言和文化；学校的车道上可以排列摆放用不同语言

写着"你好"的小牌子；在入口大厅展示参加活动的孩子们的照片；用尽量精简的语言为家长提供信息，然后再根据人们的需要将其翻译成两种或两种以上的语言。

练习使用筷子

在国王女儿日间学校，教师们围绕着筷子的使用计划了一系列的活动。这是一个很好的例子，可以帮助所有的孩子适应这种器具，这种器具在某些文化中很常见，但在其他文化中却是闻所未闻的。所有的孩子都受益于用筷子练习精细的动作技能，夹起小物件，然后用它们来吃饭。如果筷子顶端有小橡皮筋，学步儿就可以很容易地使用筷子。其他来自不同文化的器具，如来自古巴的烤面包机（车前草压片机，用来制作烤面包），能够帮助孩子在学校里培养技能和文化意识。

在孩子进入项目之前做好准备

当你开始了解每个新家庭时，一定要准确地了解他们在家里说的语言和方言，这将有助于你添加适当的课堂材料，使孩子看到自己的文化体现在书籍、展示的物品和玩具中。如果家长在第一天来接孩子时发现了他们的语言和熟悉的图像，他们也会更放松。这可能有点困难，但随着家长和教师建立关系，它会随着时间的推移而发展。

在孩子进入项目之前，孩子的主要照护者至少要学会一些家庭的母语。有些项目会把写有 10~15 个关键词语的列表发给家长，并要求家长用母语录制一段音频，或者按照发音拼写这些词语。如果这种方法不奏效，就在网上搜索翻译。"你好、向上、向下、改变、尿布、清洁、吃、果汁、瓶子、温柔、是、不是、更多、伤害、妈妈、爸爸、外面、鞋、外套、皮带扣"可能是你列表上的一些词语。认识这些词语意味着教师可以对孩子说这些词语，以及如果孩子试图用自己的母语交流，教师也可以识别这些词语。

帮助家长对你所在的项目充满信心。以照片的形式为他们提供物品清单，清楚地说明他们和孩子要送来项目的物品。带他们参观项目，这样父母、其他家庭成员和孩子就会有宾至如归的感觉。

第一天要格外欢迎

最重要的是，不管签到时有多忙，都要停下来，集中精力迎接对自己的英语水平不自信的新家庭。用这个家庭的语言和他们打招呼，正确地说出孩子的名字。花点时间抱着孩子，看看他。他是不是流鼻涕了，你需要问一下吗？他看起来是困了还是饿了？通过更多地努力和非语言交流，教师可以与孩子及其家长建立重要的联系。教师可以演示一次成功的接送经历，既不要太生硬，也不要持续太长时间。如果父母或其他家庭成员已经在项目中停留了几个上午，这就更容易实现了。愉快的接送能够消除婴儿和家庭成员的焦虑以及由无法沟通带来的孤独。

> 通过更多地努力和非语言交流，教师可以与孩子及其家长建立重要的联系。

为不同的婴幼儿提供环境

在整间教室中展现每个孩子的语言和文化，是符合发展适宜性的做法。这对孩子的自尊很重要，同时接触来自不同文化的图片对所有孩子也很有价值。到公共图书馆去找你需要的相应语言的纸板书。用孩子们熟悉的环境的照片制作海报，比如他们的家和家人、街角的杂货店，或者当地的公园。在娃娃区、拼图架和小玩具架上展示不同的面孔和肤色。在厨房区域展示熟悉的民族特色食品和烹饪工具或其他手工制品。在教室关键区域的标签上应该有孩子们使用的语言。更好的是，在不同的位置张贴关键词语的语音拼写，以提醒教师如何使用孩子的母语谈论游戏。

语言和文化上适宜的实践

当教师照护说不同语言的孩子时，他们必须有意识地深度思考平时要如何与婴儿对话。因为母语对每个孩子的家庭优势、同一性发展和语言读写学习都非常重要，教师必须了解如何支持婴幼儿对母语和英语的学习。以下策略可用于支持婴幼儿的多语言学习。

培养亲密的师幼关系

当婴幼儿中存在不同语言时，为每个孩子安排一位主要照护教师尤为重要。帮助孩子掌握两种或两种以上的语言需要教师与孩子建立密切的关系，并对孩子有深入的了解。教师需要在解读孩子的非语言信号方面成为专家，孩子也必须和教师足够亲近才能理解教师的非语言信号。

在常规中使用母语和英语

以一种可预见的方式明确区分这两种语言的使用。分别计划每天如何以及何时使用孩子的母语和英语。有些项目在游戏的时候用英语，在吃饭和吃点心的时候用母语。有些项目在上午使用一种语言，在下午使用另一种语言。教师如果不能流利地使用孩子的母语，就不用花半天的时间来使用它。让孩子学习关键词语十分重要，例如，在过渡时间和早间问候时经常使用母语词汇。

一次只使用一种语言

当你用两种语言说一个词语时，孩子通常会专注于其中一种语言。因此，要依靠语调、肢体语言、图片、手势和道具来确保孩子理解你正在使用的语言。

国王女儿日间学校的工作人员经常使用美国手语来强化婴幼儿的口语。教师们通过许多介绍婴幼儿手势的网站、书籍和光盘（在商店和图书馆都可获取）来了解婴幼儿发出的信号。使用美国手语的好处是，教师们表示"吃""更多""喝"的手势是一样的，所以孩子们无论在哪里都能理解并使用相同的手势，不管是在项目中还是在其他地方（Goodwyn，Acredolo，& Brown，2000）。当孩子试图理解你所说的关于给他换尿布的话时，"更换"的手势可以帮助他发现与同一活动相关的英语单词和母语单词之间的联系。

专门给予丰富的母语体验

当成人能够流利地使用孩子的母语时，他应该计划好使用这门语言的时间，然后尽可能地使用它，这对于婴幼儿建立早期语言和读写能力至关重要。在一些教室里，具备双语能力的教学人员仅仅在管理双语婴幼儿的行为时才使用另一种语言，而所有的"教学"都是用英语进行的。但实际上，教学人员应当以积极的、吸引人的方式来使用英语之外的语言。研究表明，良好的母语基础有助于英语的成功习得（August & Shanahan，2006）。你对母语的支持程度越高，就越有可能为英语的有效学习打下基础。

要有创造力和想象力

主要照护教师如果不会说孩子的母语，也可以通过使用光盘（不要害怕问父母要）和用母语唱歌的方式来提供支持。尝试使用简单的录音故事或者智能手机或平板电脑上能够用不同语言讲故事的应用程序。在利用媒介收听和观看的时候，与婴幼儿进行互动是很重要的。把孩子抱在膝上，重复有趣的词语并对图片进行评论。欢迎课堂志愿者，如家庭成员或社区帮手，与孩子们共度时光。（如果这样做，首先就要对志愿者进行一些培训，告诉他们你希望他们如何与婴幼儿互动，参见"为课堂志愿者提供指导"。）

为课堂志愿者提供指导

当会说双语的家长或其他社区成员决定在教室里做志愿者时，培训是很重要的。他们之前可能从来没有见过活动中的婴幼儿教室，在使用母语与孩子进行交谈、描述、提问、阅读、唱歌和假装游戏的价值方面，教师需要对他们进行指导。

根据帕特里夏·库尔（Patricia Kuhl，2010）的研究，我们知道，对于6—8个月大的婴儿，如果由具有支持性且熟悉的访客亲自提供语言支持，每周只需几小时就可以使其受益。库尔的研究表明，如果每周的语言交流被同一种语言的视频或音频记录代替，6—8个月大的婴儿就完全不会学习这种语言。对婴幼儿来说，有效使用电视播放或录音语言的唯一方法就是让成人和孩子一起使用，或者让成人自己使用，将其作为一种工具来学习自己可以和孩子一起使用的词语。

支持英语

扎实的语言基础和前书写能力对每个儿童的发展和入学准备都非常重要。同样重要的是，每个孩子每天都要在充满有趣的语言、一对一的教养互动、表达、好奇、发现和耐心的环境中成长、学习和游戏。在生命最初的三年里，让非英语语言融入这种环境可能有助于婴幼儿以后的英语学习（August & Shanahan，2006）。从长远来看，几乎完全用英语的环境并不会使婴幼儿更快更好地学习英语（August & Shanahan，2006）。让双语孩子接触英语是利用了大脑早期语言学习的开放性。不过，要记住，孩子知道的很多东西都是用母语储存在大脑里的。你可以使用许多策略来支持孩子的英语学习，但这并不意味着，如果他首次学习某个概念是在说西班牙语的环境中，他就会知道与之相同的英语概念。例如，一个在家里养了一只宠物猫的孩子会用母语学习关于那只猫的词汇和概念，如照料方式和习惯。如果教室里有宠物鱼，那么他可以用英语学习更多关于鱼的知识。孩子可能会在两种语言、两种环境中学习一些相关的概念，比如吃饭和睡觉。其他的词汇和思想可能是在一种语言中习得的，但还没有迁移到另一种语言中。

最好不要把语言学习变成一门功课。就像我们通过跟随孩子的兴趣让他们参与探索、重复和假装游戏来支持他们的母语发展一样，我们也要为他们学习新语言提供同样的支持。在生命最初的三年中，学习沟通技巧是最重要的，因为孩子要学会满足自己的需求。当孩子发展一种或多种语言技能时，语言为交流增加了意义。婴幼儿教师只需要分享孩子们在此时此地的经历，而不是提前准备活动或词汇表。

展示互动阅读

并非所有的家长都能自然而然地给婴幼儿读书。他们可能看不出给还不会说话的孩子读书有什么意义，也可能对自己的阅读能力缺乏信心，或者可能不知道或不记得积极的、互动的阅读多么有趣。项目要向家长展示如何与孩子一起阅读和讲故事。为了方便那些不会说你的语言的家长，可以制作一段具备发展适宜性的简短的阅读视频，并将其发布在项目的网站上。国王女儿日间学校的工作人员提供了一个讲习班，向所有家长展示如何阅读吸引孩子注意力的故事并培养孩子的语言技能。

与不同的家长有效地合作

与家长合作是婴幼儿教师最重要的职责之一。如果家长不会说你的语言,你们就很难建立有效的合作关系。随着全国各地人口的变化和多样性的增加,克服这一障碍的策略对每个与婴幼儿打交道的人都至关重要。帮助你与非英语国家的家长互动的策略也有助于改善你与所有家长的沟通。

提供一些活动,让不同的父母参与进来——跳出思维定式

国王女儿日间学校为家庭提供了多种选择,因此该学校可以迎合家庭的时间安排。家长可以参与计划每年的国际节日,或者在教室中展示自己的一些才能,比如在教室标签上写汉字。

让家长参与进来有多种好处:(1)家长可以看到教师所示范的让孩子受益的互动和活动;(2)教师可以看到家长和儿童的互动,并可根据需要提供支持;(3)教师可以学习使用家长用来接近、安慰、照顾和交往的共通策略;(4)家长的参与增强了家庭优势,增进了父母与孩子的关系,因为了解和理解孩子整天在做什么有助于家长感到自信和联结。

有些家长可能更愿意在课堂之外帮忙,例如,复印、清洁玩具或制作家具。为家长提供选择有助于你找到让每一位家长都参与进来的方式,你也会借此机会了解家长。

另一个让家长参与进来的建议是,给他们提供他们觉得需要的东西,比如英语作为第二语言的课程、文化烹饪小组或工作申请工作坊。这类服务可能比给家长提供"你"认为他们需要的东西更有效,比如教养方式工作坊。你如果举办了家长工作坊,但很少有家长参加,那么是时候拓宽你的思路了。

创建家长区域

创建欢迎区，鼓励家长停下来坐一会儿，这样他们就有时间和教师以及其他家长交谈。几个舒适的椅子、一壶咖啡和一些饼干，以及与孩子们的活动相关的装饰可以营造出几分气氛。这似乎是一个简单的办法，但它实际上是一个非常有效的策略，因为它鼓励家长放慢节奏，熟悉项目、教职工和其他家庭。当家长与你所说的语言不同时，学习跨越语言障碍的沟通需要花费大量的时间（双方一起花费的）以及在愉快、轻松的环境中进行互动的大量机会，以建立所需的融洽关系。那些冲进冲出接送孩子的家长，或是那些只在紧张时刻（比如催单据、开家长会）才与工作人员交流的家长，都不太可能克服沟通上的困难。

支持家庭读写实践

让家长参与孩子的学习是婴幼儿教师最重要的策略之一！当项目里没有工作人员具备可以让所有孩子都能听懂朗读所需要的语言时，帮助家长进行家庭读写实践就显得尤为重要。创建教室借阅图书馆，收藏适合孩子年龄的书籍，如无字的、双语的或用家庭语言撰写的图书。也可以鼓励家长带一些用母语撰写的图书来分享。如果在美国很难找到这些书，那么家长可以在拜访亲戚或度假时找到它们。

> 创建教室借阅图书馆，收藏适合孩子年龄的书籍，如无字的、双语的或用家庭语言撰写的图书。

应对跨越语言障碍的困难对话

家长会上可能出现一些具有挑战性的话题，所以最好在需要进行艰难的谈话之前与家长建立一种积极的融洽关系。跨越语言障碍建立信任关系需要付出更多的努力。分享孩子活动和获得成就时的照片和视频可以帮助你和家长建立联系。你们在一起的时间越长，就越容易理解对方，也更容易有效地使用非语言信号。

> 分享孩子活动和获得成就时的照片和视频可以帮助你和家长建立联系。

有翻译员在场

理想的情况是，当进行重要对话时，应该有一名合格的翻译员在场。如果这不可能实现，就请一个信得过的工作人员或家庭成员来帮忙。有时，让家里的另一个孩子来做翻译很容易。只可以在有紧急情况且没有其他选择时这样做，因为这可能会给另一个孩子带来过度的压力，而这个孩子可能还没有熟练或流利到能够翻译复杂的信息。项目需要找到合格的双语教师，但不需要每间有讲母语的孩子的教室都要有这些教师。当国王女儿日间学校的工作人员遇到不熟悉的语言时，他们会向社区组织和机构寻求帮助，比如当地的儿童照护资源、备受推荐的机构或附近的宗教团体，以确保他们尽其所能与每位家长进行有效沟通。同时，要提醒参与讨论的人注意保密。

提前计划

准备一个留言板，用英语和孩子的母语写下关键的短语，这样你和家长就可以明确你们想要交流的内容。能够引导对话的婴幼儿行为或情景示例照片可以帮助家长理解你想说的关于孩子的内容。计算机翻译系统是一种键入你所需信息后能听到另一种语言发音的在线工具。然而，它可能更适用于商业或旅游，而在早期教育方面存在技术上的不准确性，所以不要干什么都依赖它。请家长允许你记录你们的谈话内容，这样即使最初见面时翻译员不在场,之后你也可以请他来解释清楚你们的谈话内容。这也让你有机会对谈话内容做更多的备注,并注意到任何看起来不清楚、需要进一步解决的地方。

注意个体或文化问题

要记住,开家长会可能会有个体、文化上的差异。例如,有些文化对准时到达的重视程度比其他文化低。一些家长可能会带着全家成员去见教师,而另一些家长可能会感到很尴尬以至于他们甚至不会告诉家人有这个会议。不要以为家长都会因为一个拥抱或牵手而得到安慰。通常,最好先问一下。

保持信息清晰简洁

与说其他语言的家长开会时,最困难但也是最有效的策略之一就是尽量少说话。提前做好准备,小心地把你的信息减少到只留最关键和最实际的内容。这会使翻译和口译变得更容易,也更有可能让家长在离开时获得真正的理解。你如果需要让家长做一些事情,比如早些接孩子或带孩子去看医生或做个评估检查,那么试着尽可能简单明了地说明目的,然后坚持用非常清晰的观察记录来解释你的担忧。

留出时间来消化信息

困难的信息从来都不容易被人听懂。对那些不确定自己是否理解你所说的每件事、不确定如何问重要问题的人来说,这可能更具挑战性。出于这些原因,最好是在至少两次的见面中都进行交谈,让家长有时间吸收和思考信息。然后,双方可以重新聚在一起,计划解决问题的方法。记住,家长会是双向的对话,而不是说教。在要求家长采取行动之前,要给予他们充足的时间来提问。

基于语言或文化问题来解决分歧

除了文化之外，一些养育孩子的差异"可能源于家庭传统、个人经历、特定的训练和哲学理念"（Gonzalez-Mena，2009）。你不必知道你班上出现的每一个群体的每一种文化信仰和习俗。重要的是，你要了解每个家庭，了解对他们来说什么是重要的。

一位家长为2岁的孩子报名参加早期教育项目。主管把他安排在年龄较大的学步儿班里，他在那里似乎适应得很好。第一天，母亲在教室里陪了他几个小时。第二天以及之后的许多天，母亲都会离开孩子，但在午餐时间回来用勺子喂他吃饭。

教师对家长喂食孩子这一行为有强烈的负面反应。她觉得，对2岁的孩子来说，练习自理能力是至关重要的，她向家长表达了自己的保留意见。家长坚持自己的立场，解释说在他们的文化中，给孩子喂食是爱和关心的象征。

随着时间的推移，教师和家长学会了互相倾听。双方都退了一步，达成了一致的意见：家长逐渐减少每周给孩子喂食的天数，教师帮助家长找到一些活动，让孩子可以利用这些活动以其他方式培养自理能力。

结论

要适应不同的文化和家庭习惯，这可能需要练习，尤其是那些对你来说可能适得其反的习惯。强烈的自我意识会帮助你发现，你是否真的是为了孩子的最佳利益着想，还是只是想让家长按照你的方式行事。你和家长之间的相互尊重将有助于你从个体和家庭的角度去了解和理解他们，包括造就他们的所有独特特征和文化习俗。了解孩子的兴趣、家庭背景、文化和语言对于实施发展适宜性实践都十分重要。

福特和斯特丘克（Fort & Stechuk）提醒我们，出于社会情感和认知原因，年幼的孩子需要家庭语言的支持："在一个人们不说孩子的语言、对他的文化知之甚少的地方，孩子可能会感到迷失、被误解和疏远"（2008，24）。早期保育与教育专业人士可以在同时促进英语和母语发展的情况下，采取将儿童的情感需求考虑在内的发展适宜性做法。根据丽贝卡·帕拉基安（Rebecca Parlakian）的说法，"社会情绪能力是入学准备不可或缺的一部分，因为它们给非常年幼的孩子提供了在新环境中进行交流、合作和应对所需要的技能"（2004，39）。婴幼儿教师可以通过发展技能、学习策略、找寻资源来大大地改善他们与不同的儿童、家长之间的相处状态。这可能需要更多的付出，但收益却可以持续一生。

了解"我们"的同时学习成为"我"：
在集体环境中促进婴幼儿的亲社会性发展*

在这个年龄阶段，婴幼儿逐渐理解自己和他人都是独立的个体，这意味着他将成为"我"。同时，许多婴幼儿会进入集体进行生活和学习，这意味着他们将成为"我们"。在美国不足9个月大的婴儿中，超过一半的孩子会接受家庭以外的集体照护（Kreader, Ferguson, & Lawrence, 2005; US Census Bureau, 2013）。

在最近的一次大学休假期间，我（玛丽·麦克马伦）花费了许多时间在一些早期照护和教育项目中，与3—18个月大的婴幼儿及其照护者密切接触，并试图通过观察集体环境中的婴幼儿来研究其生活。在三间教室的观察中，我发现婴幼儿的社交能力和水平远高于我的预期，也超出了传统儿童发展理论的介绍。这三间教室中教师的一系列鼓励和支持行为给我留下了深刻的印象，接下来我将重点介绍这三间教室。

显然，这三间教室中一定是发生了一些特别的事情，从而促使婴幼儿积极社会情感和亲社会能力有所发展。对此，我思索良久，翻阅了我当时的研究记录和教师照护行为笔记，并查看了婴幼儿的照片。除此之外，我还与各班级的主班教师进行了讨论，并回顾了一系列有关儿童发展的早期文献（Erikson, 1950; Kohlberg, 1971; Piaget & Inhelder, 1969; Vygotsky, [1934] 1986），研究了有关子女养育和照护的新思路，以及儿童早期社交技能发展的相关知识（Eisenberg, 1992; Hyson, 2004; Katz, & McClellen, 1997; Noddings, 2003）。本文是我与其他六位教师思考、反

---

* 本文作者是玛丽·本森·麦克马伦（Mary Benson McMullen）、詹妮弗·M.·阿德曼（Jennifer M. Addleman）、阿曼达·M.·富尔福德（Amanda M. Fulford）、萨拉·L.·摩尔（Sarah L. Moore）、莎里·J.·穆尼（Shari J. Mooney）、萨曼莎·S.·西斯克（Samantha S. Sisk）、贾丝明·扎卡赖亚（Jasmine Zachariah）。

思和讨论的结果。

当你在阅读这些例子，看到这些照片并思考我们对婴幼儿亲社会行为的定义的时候，想一想你自己或者你观察到的照护行为和教学实践，并思考它们到底促进还是阻止了婴幼儿亲社会行为的发展。

> 想一想你自己或者你观察到的照护行为和教学实践，并思考它们到底促进还是阻止了婴幼儿亲社会行为的发展。

婴幼儿的亲社会行为是什么

众多亲社会行为的经典定义都与艾森伯格（Eisenberg，1992）的定义非常相似，将亲社会行为描述为"有意识地使他人受益的自愿行为，如帮助、分享和安慰"（3）。部分学者在使用"有意识地"这一概念时，非常迷惑。因为他们认为，婴幼儿没有亲社会能力，即使他们做出一些对社会有利的事情，也不能代表这一行为是利他主义（即这样无私的行为是有意发生的）。在这些高质量的教育环境中，婴幼儿的友善、分享、关心、遵守规则、乐于助人、合作等行为并不能或者说不完全是真正的利他行为。但它们肯定不是反社会的行为。反社会的行为是指漠视他人、合作性差、令人厌烦等行为。具有反社会性格的人会破坏自身和所在环境的发展。

因此，我们避免使用意图或动机的概念，在此基础上对于亲社会行为的定于有了不同的理解。我们将"亲社会行为"定义为婴幼儿在集体环境中与同伴、照护者的交流和行为表现，这种行为表现具有积极性、可辨别性和外向性等特点。

集体照护与一般生活照护相似，教师都非常重视儿童亲社会行为的发展，并优先帮助儿童获得这些能力（见"亲社会技能及其相关属性"）。

当前，由于越来越多低龄儿童开始接受集体照护，因此这些重要的社会课程也就早早地开始了。

照护者、教师和家长在促进婴幼儿情绪健康和社会发展方面均发挥重要的作用，给婴幼儿带来积极或消极的长期影响。霍尼格（2002，6）说道："依恋对象给我们带来的幸福或者不幸的感受，会对我们的一生产生影响。"研究结果表明，较大儿童和成人长期、积极的认知、社会性和心理健康与强有力的、安全的、基于关系的早期教育实践密切相关（NRC，2001；Ramey & Ramey，1999；Shonkoff & Phillips，2000；Shore，1997）。

亲社会技能及其相关属性

分享	友谊	安全
和平游戏	归属感	公平
高自尊	关系	正义感
积极倾听	合作	诚实
移情	沟通	同情
轮流	信任	安慰
帮助	尊重他人	关爱
情绪健康	自重	……
情感	自我控制	

照顾和尊重亲社会性有所发展的婴幼儿

为了促进婴幼儿亲社会性的发展，我们首先必须选择体贴的照护者来照顾他们。在日常生活中我们可以看到，婴儿全神贯注地看着照护者，照护者也以充满爱的方式回应婴儿。在像这样思虑周全、尊重和敏感的照护环境中，婴幼儿可以感受到善意和温暖的回应意味着什么，这是移情能力发展的核心（Eisenberg，1992；Noddings，2003）。

在最近的一次会议报告中，达罗斯-沃斯莱斯（DaRos-Voseles，2009）说道："来自充满关爱的家庭中的儿童会带着这种期望进入学校，而其他的儿童会带着这种需要进入学校。"无论是什么样的孩子来到我们的教室中，我们都需要给他们无数的机会，让他们体验人与人之间相互关爱所产生的互惠性。这样，他们就能在这种关系中相互给予，相互帮助。

我们也需要尊重所有的婴幼儿。在生命的早期，孩子就能够意识到自己是不同于其他人的独立个体，并且有自身独特的特点、喜好、性格和需求（Field，2007），他们需要感觉到照护者重视和尊重他们的这些特点（Abbott & Langston，2005）。

> 我们不认为婴幼儿是小小人，他们是完整的、有能力的、值得我们尊重的人。（*Teacher Comment*）

自信，即相信自己的能力和所能做的事，是以关爱的方式与他人接触的关键。婴幼儿通过与照护者的亲密接触而变得自信，并获得良好的人际关系，以及有更多的机会去探索和尝试新事物，例如，移动、旋转物体、使物体咯咯作响或发出噪声的机会。当他们能够自己做事情，或在最少的支持或干预下做事情时，他们会很高兴。然而，最重要的是，他们希望照护者注意到他们在做的事，并予以回应。

> 我们试图通过提供有趣的活动来让孩子们感到特别，这些活动虽然具有挑战性，但每个人都可以完成。我们为他们提供支持并给予鼓励，引导他们完成任务，从而获得自豪感。我们会在教室里的四周放上镜子，这样他们就能看到自己在玩。我们也会通过在一天中多次拥抱他们来告诉他们，我们认为他们有多特别。（*Teacher Comment*）

亲社会性有所发展的婴幼儿会与人为善

3个月大的婴儿就能够与同伴互动,研究人员发现,在婴幼儿身上存在着明显的同伴偏好(Riley et al., 2008)。对婴幼儿来说,友谊对其全面健康成长和发展至关重要(Katz & McClellan, 1997; Riley et al., 2008)。与同伴一起玩耍,儿童感到更加快乐,同时也能够更好地克服社交困难,变得更有能力(Brazelton & Greenspan, 2000)。赖利(Riley, 2008)和同事们认为,在友谊中关爱他人的经历是儿童早期同伴互动具有亲社会性的重要方式:"在友谊中,儿童可以发展出利他主义价值观。也就是说,他们能够发展出基于对他人关心而不是期望个人回报的亲社会行为"(45–46)。

在这些教室里,婴幼儿的照护者和教师会把他们当作朋友。孩子很早就能注意到其他人,甚至表现出明显的同伴偏好。如学步儿前期的儿童,当伙伴早上到达教室时,他们会特别高兴;当同伴不在的时候,他们会非常想念同伴。亲社会性有所发展的婴幼儿会在教室中寻找自己的同伴进行游戏。

> 我们的班级里有两个男孩,汉斯和厚厚,他们是关系非常好的朋友。当其中一人已经在教室里,另一个人一进来的时候,先到的孩子会立马停下手头的工作跑去迎接另一个人。他们会高兴地尖叫着跑开,通常会玩一些追逐游戏,或者只是大笑,或者长时间地互相模仿。(*Teacher Comment*)

在这些教室里,亲社会性有所发展的婴幼儿会对彼此和照顾他们的人表现出喜爱,他们偶尔会拍一拍、拥抱和亲吻,照护者也可以自由地依偎和拥抱他们。这种行为能够发展亲密且温暖的照护关系,是促进婴幼儿亲社会性发展的关键因素(Honig, 2002)。

> 我相信,亲社会能力从出生那一刻就开始发展了。照护者与

婴幼儿之间建立起温馨、关爱和支持的关系会促进婴幼儿亲社会能力的发展。婴幼儿非常高兴可以和同伴、照护者在一起。当我在读《棕熊，棕熊，你看见了什么？》(*Brown Bear Brown Bear, What Do You See?*) 时，小诺拉爬到我身边，站了起来，给了我一个拥抱，并且舒服地坐在我的大腿中间。(*Teacher Comment*)

同样值得注意的是，不同年龄阶段的孩子也可以在一起平静、愉悦地游戏。婴幼儿之间共享玩具也是很常见的。

广恩和维恩（2006）将儿童的移情能力定义为"观察他人的感受，小心地回应和关心他人"（22）。学会尊重和欣赏他人是移情的根源，我们看到许多婴幼儿的行为都是这样。在教室里，当婴幼儿伤心、害怕或受伤的时候，他们经常彼此安慰。较大的孩子会在较小的孩子面前表现得小心翼翼。例如，将他们够不到的玩具给他们，或者将他们掉了的奶嘴给他们，有些行为更明显：

我们在一间大活动室里玩，罗茜需要擦鼻子。我们之所以会注意到这一点，是因为玛蒂尔达走到纸巾盒前拿出了一张纸巾，然后走到罗茜面前用纸巾擦了擦她的脸，但把她的整张脸都弄脏了！然后，玛蒂尔达走到垃圾桶那里，把纸巾扔到垃圾桶里就回去继续玩耍。我们这些教师站着看到这一场景感觉非常惊奇。(*Teacher Comment*)

婴幼儿的移情能力有时在照护行为中表现出来，就像玛蒂尔达一样。婴幼儿似乎是在模仿他们曾经看到的或自己多次被照顾时的行为。但有时候，这些行为不止于此，这表明他们正在内化一种强烈的道德感，即他们关于什么是对的，什么是公平的的观念。想一想法里达的以下行为：

小法里达似乎自封为"妈咪警察"，我们有一位妈妈在午餐时间来给她刚出生的孩子喂奶。有时候，小婴儿在妈妈到来之前就睡着了，法里达经常会坐在婴儿床旁边玩耍，等着他醒来，一直注视着他。如果在等待的时候，小婴儿的妈妈抱起另一个婴儿，法里达就会对着婴儿床和那位妈妈做手势，并用一种表明她在纠正那位妈妈错误行为的语气尖叫。(*Teacher Comment*)

亲社会性有所发展的婴幼儿会对集体产生归属感

"儿童需要去他们有归属感的地方"（Jennings，2005，92–93）。当婴幼儿和他们熟悉、信任的同伴或照护者在一起的时候，他们感到自己是受欢迎的和被接受的（Abbott & Langston，2005）。在婴幼儿集体照护中，为婴幼儿安排持续陪伴他们的主要照护者是促进儿童社会性发展的一个非常好的方法。在这样的环境里，婴幼儿的社交能力会有所发展。一起散步、坐婴儿车、阅读、参与圆圈时间或小组活动，以及在用餐时间谈话等活动都能培养儿童的归属感，给予他们锻炼社交技能的机会。

我们一整天都在通过各种活动来建构共同体。比如在音乐时间，当我们唱歌时，我们会为今天来到教室的同伴感到开心。同时，我制作了一些班级手册，里面都是孩子和教职员工的照片，还有一本"散步"书，里面有我们散步时看到的人、地点和物品的照片。(*Teacher Comment*)

集体生活的另一个重要方面是培养归属感，这需要通过帮助婴幼儿理解自己所在集体的期望、规范、规则和价值观来实现。婴幼儿很容易学习和遵循简单的规则和期望（如换尿布后洗手、参加圆圈时间，或在用餐时耐心等待食物），尤其是当这些规则和期望是他们日常生活中一部分的时候。学习良好的礼仪等期望通常需要通过模仿、反复练习和积极的强化来教授给婴幼儿。集体环境中的婴幼儿会通过照护者的手势和语言强化来学习简单的礼仪规则，比如说"请"和"谢谢"。

照护者要明确地教导婴幼儿规则，并通过及时地强化和大量的实践来帮助婴幼儿掌握规则，如爬楼梯、玩滑梯、在远离睡眠区进行玩耍等。照护者要积极地向婴幼儿传递集体、教室，乃至整个社会所接受和期望的行为的相关信息。教导婴幼儿尊重自己，尊重财产，尊重他人。婴幼儿似乎很容易理解"这些事情是我应该做的"和"这些事情是我在家庭和家人之外的群体中不应该做的"。

经常和婴幼儿交谈，并告诉他们发生了什么，我们在做什么，这是尊重他们和传达期望的另一种方式。即使是年幼的孩子也能理解这么多的信息，这非常令人惊讶。另一个策略是唱歌。我们试图通过唱歌和童谣，尤其是带有婴幼儿名字的歌曲来帮助他们发展集体归属感。我们也会反复地说和用行动表示"请"和"谢谢"。同时，我们在教授婴幼儿这些想法的时候，会给予每个孩子很多的爱。（*Teacher Comment*）

亲社会性有所发展的孩子在充满关爱的环境中会非常喜欢帮助别人。给孩子一个小扫帚、簸箕或者海绵，然后站在后面看着他工作！当然，就像我们都经历过的那样，有时候帮助不意味着这些。婴幼儿有时候并不愿意放弃做一些有意义的事情来参加教师要求的活动，比如收拾玩具。在这几间教室里，教师会使用一些过渡的歌曲（参见"简单的过渡歌曲"）和旋律来引导婴幼儿进行自由游戏、收拾玩具和其他活动。同时，也会使用一定的口头暗示，比如"小朋友们，三分钟后我们要准备吃点心了。"

> **简单的过渡歌曲**
>
> 清理一下，清理一下；每个人，每个地方；
>
> 清理一下，清理一下；每个人都有自己的责任。
>
> 跟着我，跟着我，跟着我；跟我来，跟我来。
>
> 跟着走，跟着走，跟着走；我们要去大教室。

讨论

显然，成人永远不应该低估儿童的能力。每当我在早期照护和教育机构中时，我都会想起这一点。以这三间教室为例，我们可以很明显地看到，婴幼儿能够接受挑战，并努力同时理解"我们"和"我"。如本文和其他文章（Eisenberg，1992；Quann & Wien 2006）所述：孩子天生就具有非凡的亲社会能力，但这一能力被传统的儿童发展理论家大大低估了。

在集体环境中研究婴幼儿的经验告诉我，并不是所有的婴幼儿在集体照护中都能表现出这种亲社会行为的能力。也就是说，并不是所有的婴幼儿都有机会这样做。在我观察的大多数其他教室里，我都没有看到它。这三间教室有其他教室没有的几个共同特点，即它们都符合或超过美国幼儿教育协会对儿童早期教育项目所设定的标准，这些教师也都受过专业的培训，并在教学和照护婴幼儿方面有着丰富的经验。他们的实践反映了他们对关系重要性的肯定，以及开展发展适宜性教学实践的信念（Copple，& Bredekamp，2009；McMullen，1999；McMullen & Dixon，2006，2009）。我的研究并没有特别关注照护者的信念与其行为之间的关系，这些信念和行为也许会促进或阻碍婴幼儿亲社会行为的发展，因此我不能确定地得出结论。但是，我邀请了其他专业人士进一步研究这个问题。

按照包括利他主义在内的对亲社会性的严格定义，我们是否可以得出结论，即我所看到的行为就是真正的亲社会行为呢？艾森伯格（1992）与广恩、维恩（2006）指出，婴幼儿产生亲社会行为的主要动机可能是取悦教师，获得同龄人或集体、社会的认可，或者是为了外部奖励而完成某些事情（例如，得到他们想要的东西或做他们想做的事情）。但是在这个年龄阶段，婴幼儿的亲社会行为动机可能并不是真正重要的。

我观察到的亲社会性有所发展的婴幼儿，他们都符合"在集体中创造积极的情感氛围"和"对一个或多个人进行积极的社会表达"的定义。不论原因是什么，这些行为对整个集体发展都有好处。此外，这些行为还可能成为婴幼儿的生活模式，并且在具体做的过程中，内化成为婴幼儿行为准则和道德准则的一部分（Brazelton & Greenspan，2000）。因此，我们相信，无论这些行为是否真的属于亲社会行为，它们都可以帮助婴幼儿走上为他人和社会所接纳、认可的正确道路。

> 我们相信，无论这些行为是否真的属于亲社会行为，它们都可以帮助婴幼儿走上为他人和社会所接纳、认可的正确道路。

在这些教室里，教师们的行为自然地符合他们对所有成员的期望。他们尊重教室里的每一个人，同事之间彼此尊重，尊重家长和家庭，最重要的是尊重婴幼儿。在我的研究记录中，有一篇关于教师的记录，描述了我在这些教室里所看到的那种尊重式照护：

她美妙且温柔的态度，她对孩子说话的方式，仿佛他们全都是她的朋友……只有完全尊重和重视孩子的人，才会像她一样付出那么多的努力，她每天早上简直就像为贵宾准备漂亮的餐桌一样。

最后的思考

关爱、友谊、善良、感情、同情、归属感、遵守规则、符合规范和期望、接受文化和社会的价值观等，这些都是我们人生路上所需要学习的课程，尽管它们通常都是在童年期以后才获得的。当我在这些教室里观察卓越的婴幼儿和出色的教师时，我想起了散文家罗伯特·富尔格姆（Robert Fulghum，[1986]2004）在他的著名作品《受用一生的信条》（*All I Really Need to Know I Learned in Kindergarten*）中的话。

婴幼儿照护是大多数婴幼儿日常生活的一部分，照护者的照护水平会对其健康、发展和未来的生活产生巨大而持久的影响。真正重要、长久的人生课程似乎是我们是谁、我们如何与他人相处，以及如何成为最好的人。这些都始于婴幼儿照护和教育的环境，或者更确切地说，始于高质量的婴幼儿保育与教育环境。

我们所说的阅读准备是什么意思*

在过去的几天里,珍妮特一直在担心她即将与 18 个月大的阿比的父亲萨姆之间的会面。萨姆最近带来了字母卡片,因为他想让阿比学习阅读。珍妮特完全理解萨姆想要支持女儿发展早期语言技能的愿望,但她对这种方法或时机感到不舒服。

珍妮特把她的担心告诉了主任玛丽亚:"我怎样才能帮助萨姆理解,阿比识字之前需要具备很强的基础技能,这些基础技能是字母识别的前提,而我们每天都在学习这些技能,如讲故事、和孩子们交谈、向他们介绍新单词和更复杂的语言用法、大声朗读印刷品,从而让他们了解纸上的单词和口语之间的联系。培训告诉我们,利用设计好的卡片培养低龄儿童的语言技能效果往往不佳,他们的大脑还没有准备好死记硬背。但我如何才能既不带有批评又支持他的兴趣地向萨姆解释呢?"

玛丽亚理解珍妮特这种进退两难的局面,因为她也感受到了来自其他家长的压力。她说:"你问过萨姆为什么想现在就让阿比学习字母吗?或许,这次见面可以使你有机会倾听萨姆对阿比的期望和教育目标,然后你可以在联系这些目标的基础上分享你对早期语言和读写能力发展的了解,也可以帮助萨姆认识到,你和他都是支持阿比语言学习的伙伴。你还可以和他分享我们州最新颁布的家长指南,它与你在学步儿班级使用的州立婴幼儿早期学习指南是一起颁布的。"

珍妮特阅读了新颁布的家长指南,决定按照玛丽亚的建议,通过询问萨姆对阿比的期望和教育目标来安排会面。她突然想到,

---

* 本文作者是尼基·达林-库里亚(Nikki Darling-Kuria)。

萨姆可能是在用他所知道的最好的记忆卡片技巧。如果他有兴趣讨论早期语言发展并理解如何支持它，她就会分享自己如何在儿童教育中进行指导和解释，并将这些实践与儿童的语言技能发展联系起来。

有些家长为了给孩子带来最大的好处，认为尽早学会阅读有助于儿童在之后的学业学习中取得成功。毕竟，商业广告不断轰炸，承诺任何年龄的孩子只要购买正确的、昂贵的玩具及光盘，就都有可能成为下一个爱因斯坦。这导致家长很容易陷入"更好的新产品会让孩子变得更聪明"的误区中。这也难怪珍妮特和萨姆会对"什么是最有效的方法"产生分歧！

珍妮特需要萨姆的帮助来理解他的观点，萨姆也需要珍妮特的帮助来解读他对阿比新发展出的语言技能的观察。珍妮特想与萨姆建立伙伴关系，这有利于阿比的发展。珍妮特的计划是倾听和回应萨姆，并与他分享自己掌握的早期发展知识，这样他们就能在支持阿比的语言技能发展方面达成一致。

珍妮特回忆了她最近参加的一个婴儿脑发展研讨会，该研讨会帮助她确定了一些与萨姆谈论的要点。珍妮特认识到，记忆常被误解为学习。事实上，死记硬背是一种较低水平的学习技能，相比之下，在有意义关系的背景下，发展出的运用复杂语言的技能更能够激发思想和感情上的交流（Hirsh-Pasek, Golinkoff, & Eyer, 2003）。她知道，鼓励阿比说话的一个好方法是关注她和她正在做的事情，发表与她的经历相关的评论。例如：

  阿比，我看到你把鸡肉都吃光了。鸡肉对你有好处，会帮助你长得又高又壮（伸出胳膊，收缩肌肉）！

珍妮特打算提出建议,即她和阿比的父亲在一整天中都保持叙述的方式,恰当地描述各种情绪,如惊讶、兴奋或悲伤。通过合作,他们为阿比提供语境,让她能够理解她所听到的所有新单词。例如,萨姆重复阿比使用的单词,或者用单词代替她的手势。

阿比指着饼干盒说:"饼……"

萨姆问:"阿比是想要一些饼干吗?这些是阿比想要的饼干吗?"

萨姆可以一直帮助阿比,直到她准备好在日常生活中独立地运用丰富的词汇。

婴幼儿早期学习指南解释了婴幼儿在不同阶段应该懂得和会做的事情,为珍妮特提供了进一步的信息,有助于她分享学步儿如何发展和学习等信息。以下是她读到的一个例子,关于18个月大的学步儿的语言和读写。18—24个月大的孩子开始"识别和回应语言的声音"(MSDE & HUSE,2010,21)。这说明了学步儿开始注意歌曲中的押韵,并能够识别出不同动物发出的声音的原因。认识到奶牛哞哞叫,狗汪汪叫,婴幼儿的语言学习需要一定的语境。

指南表明,18—24个月大的儿童"开始模仿阅读",例如,他们"可能在熟悉的文本中填补单词"(MSDE & JHUSE,2010,21)。珍妮特注意到阿比能够补述熟悉读物中的一段话,她打算和萨姆分享这一点。这是非常令人兴奋的,表明阿比的语言能力正在顺利发展,正如指南中对该年龄阶段的儿童发展所期望的那样。这些看似简单的活动在阿比的大脑中建立起了联系,帮助她发展她所需要的沟通技巧,并在她准备阅读时帮助她。

珍妮特决定采取一种方法,既尊重萨姆的关切,又促进自己反思对婴幼儿语言发展的理解,她觉得自己为这次见面准备得更加充分了。她很期待倾听萨姆的想法，分享她的学习心得。她坚信，自己和萨姆一起会为阿比制定早期阅读技能发展的切实可行的目标，而这一能力将持续影响阿比的一生。

想一想

- 就帮助孩子成为良好的沟通者和阅读者而言，你的信念是什么？
- 你如何与家长建立合作关系？为什么这很重要？
- 你有哪些方法与家长分享你的实践经验？你从家庭中学到了哪些促进早期读写和交流的策略？

试一试

- 准备对话的开场白，表明你想和家长建立伙伴关系。
- 研究你所在州的婴幼儿早期学习指南。如果你所在的州没有婴幼儿早期学习指南，那就使用《健康的开端：支持0—3岁婴幼儿的发展与学习》（*Healthy Beginnings: Supporting Development and Learning From Birth Through Three Years of Age*，MSDE & JHUSE，2010）。
- 写一本关于儿童一日生活的书，家长可以与孩子在家分享。请家长制作一本关于孩子在家中表现的书，可以在项目中进行分享。
- 提出一些谈话要点，分享你有关支持婴幼儿早期阅读发展的知识，和同事或导师一起练习如何展开对话。例如：

　　萨姆，我知道你非常关心阿比的成长。你真的花了很长时间与她一起做你们都喜欢的活动。我很感谢你带来的和孩子们分享的书，我会使用它们的。如果你家里有受人喜欢的押韵歌曲，我也很想听听。我想，当我们都享受与阿比一起聊天、读书、唱歌时，她自然会尝试说更多的话，学习更多的单词。你会惊讶地发现，这一切发生得如此之快。当她再大一点的时候，她将很渴望学习阅读。

使用玩具来支持婴幼儿的学习与发展 *

色彩缤纷的围巾散落在一间婴幼儿混龄教室里，大多数孩子一边舞动着身体和手，一边舞动着围巾。玛吉是一名两岁半的孩子，但她的游戏技能像是年龄更小的孩子。她没有和其他人一起跳舞，而是独自坐着，开心地用嘴叼着几条围巾。教师薇姬想帮助她扩展游戏。薇姬了解了玛吉的发展水平，也知道了她喜欢填充和倾倒。教师把围巾塞进一个空纸巾盒里，只留一小块露出来。玛吉兴奋地从盒子里拿出围巾，开心地笑了，一个新的游戏诞生了。在了解了玛吉的发展技能和兴趣之后，薇姬通过在游戏中使用简单的玩具来促进学步儿的认知发展。

选择适合婴幼儿的玩具和活动，即使对经验最丰富的教师来说也很难做到。通过牢记儿童发展的基本原则和游戏的作用，教师可以有意识地选择玩具，以满足婴幼儿独特的需要和兴趣，进而支持他们的学习。了解师幼互动的基本作用也很重要。教师在孩子游戏时与他们互动，能够帮助孩子理解他们的经历，并促进孩子进一步探索（Johnson & Johnson，2006）。

> 通过牢记儿童发展的基本原则和游戏的作用，教师可以有意识地选择玩具，以满足婴幼儿独特的需要和兴趣，进而支持他们的学习。

理解发展和玩具

游戏是孩子学习感受世界、实践新技能和内化新思想的途径，因此是

---

* 本文作者是加布里埃尔·盖顿（Gabriel Guyton）。

必不可少的"儿童工作"(Paley,2004)。通过这个不断扩展的过程,早期技能会产生新技能,新经验会与已有技能相结合。通过游戏,孩子们了解世界,参与促进他们认知、情感和社会性发展的活动(Elkind,2007)。例如,当一个孩子敲打一个鼓时,他就会理解到自己可以创造声音,从而通过游戏学会因果关系等重要概念。

教师可以通过提供有趣的玩具来促进婴幼儿游戏的发展。有效的玩具应该是安全的,而且适合孩子的年龄、能力和兴趣。例如,当一个孩子表达对动物的兴趣时,教师可以基于此在积木游戏中添加动物玩具,为他们学习问题解决和掌握基本的数学、科学概念奠定基础。

儿童发展涉及多个领域,包括语言、精细运动、粗大运动、社会情感和认知发展方面。在为儿童选择材料和计划学习活动时,教师要考虑玩具和活动将如何支持儿童在这些领域和跨领域的发展。某些玩具有助于促进行为,支持婴幼儿某些领域的发展。例如,教师可以通过把玩具藏在围巾下和玩经典的躲猫猫游戏来培养儿童客体永久性的认知技能。

儿童的认知发展包括思维能力,即加工信息以了解世界如何运转的能力。玩具和游戏自然而然地提供了练习不同思维技能的机会,比如模仿、因果关系、解决问题和象征性思维。当教师用锅碗瓢盆模仿打鼓时,孩子会跟着模仿并很快学会发出自己的声音。这样的机会可以使孩子练习模仿,体验因果关系,发现世界是如何运转的。

自制玩具和现成的材料

许多广告使消费者认为,商店里买来的昂贵玩具更有效。事实上,最好的玩具是基于孩子的年龄、发展水平和兴趣选择的玩具。有趣的玩具通常是自制的或现成的物品,如织物、瓶瓶罐罐、纸板箱、纱线、烹饪锅、松果等,实际上有无限种选择。这一点对经济困难的群体或只是工薪家庭的孩子来说非常重要。即使对那些有时间和资源的人来说,制作玩具也是建立师幼关系的一种更个人化的方式。例如，用家庭成员的照片制作木偶戏，是使孩子家庭生活和课堂生活相联结的方式。

在选择玩具材料时，考虑孩子所属的群体和文化是很重要的。教师可以把不同语言、服装和音乐元素带入教室。例如，在选择或制作书籍时，要考虑可以反映孩子的文化和语言的书籍。同样地，玩偶、装扮服装和假装食物也应该体现出孩子所属的家庭和群体。

一点创造力与基本的材料相结合，可以激发游戏，促进婴幼儿在各个领域（包括认知领域）的发展。例如，教师可以使用纸板箱、塑料盘子、馅饼烤盘和袜子玩偶。在下一部分中，所有建议的玩具和材料都可以用现成的或便宜的材料手工制作。

考虑安全性

在选择玩具时，考虑不同发展阶段中的许多安全问题是至关重要的。窒息和跌倒是婴幼儿的两大问题。孩子们喜欢移动，正在学习控制自己身体的小孩经常会跌倒或者撞到东西上。玩具和其他教室材料不应有尖锐的边缘或突出物。婴幼儿通常把东西放进嘴里来探索世界。容易脱落的小纽扣或碎片有窒息的危险，应该避免。小心油漆碎片，要选择无毒的玩具。

留意那些被潜在有害物质处理过的材料，比如砷（用于处理一些木制品）、铅涂料以及双酚 A (BPA) 和邻苯二甲酸盐等化学物质。儿童的头和身体比成人小，发育迅速，这使他们特别容易受到有毒物质的伤害，即使是少量的。查找玩具和材料上的标签（如"无毒"或"无 BPA"），并上网核对。

选择和使用玩具来支持认知发展

教师应该有意识地选择提供给孩子们的玩具，不管它们是自制的还是从商店买来的。例如，许多学步儿喜欢使用塑型材料和道具，如橡皮泥。在提供给孩子们这些材料时，要有具体的发展目标。提供相匹配的塑料饼干切割器，让孩子们在探索的过程中做出形状，体验"相同"和"不同"。

以下内容举例说明了容易找到或制作的玩具，以及可以通过玩具促进的具体认知发展领域。请记住，许多玩具都是低结构的，适合不同年龄和发展水平的儿童。孩子们可以运用多种不同的方式使用这些玩具，希望它们能激发你的想象力，从而为婴幼儿教室制作有趣的、有教育意义的玩具（更多观点请见"培养儿童认知发展的玩具和活动"）。

织物

不同颜色、质地的围巾和布料可以来自家庭提供的旧衣服、床单或布片，也可以来自教师的收集，或社区商店的捐赠。教师可以对所有年龄阶段的孩子使用织物。围巾可用作戏剧表演游戏中的戏服，也可以用来扔和抓握，或者放进盒子里再拉出来。

> 8个月大的考里和教师德沃拉一起玩。德沃拉用围巾把一个洋娃娃藏起来，大声喊道："小娃娃，你在哪儿？"德沃拉和考里商量了一下，然后撩起围巾说："你来了，小娃娃——躲猫猫！"考里笑着，对娃娃的再次出现感到兴奋。

认知联系。考里逐渐意识到客体永久性，即在看不见物体的情况下，物体仍然存在（Cole, Cole, & Lightfoot, 2005）。这是婴幼儿认知发展的一个重要阶段，因为理解客体永存性有助于加深他们对世界的理解，促进他们学习、模仿和探索。通过探索环境，玩躲猫猫及其他隐藏物体的游戏，教师可以支持孩子们获得对周围环境的新认识（Brazelton & Sparrow，2006）。

积木

积木对所有年龄阶段的孩子来说都是很好的玩具。木制积木是一种选择，但教师也可以提供鞋盒、麦片盒、塑料碗、杯子以及装满皱巴巴的报纸、用胶带封起来的纸袋。简单的积木最适合2岁以下的儿童，而木制单元积木适合2岁以上的儿童（MacDonald，2001）。孩子们可以探索、移动和握住积木，然后再垂直堆叠或水平排列，形成简单的结构或复杂的设计。他们可以选择相同大小的积木，也可以选择由大到小均匀递减的积木。

22个月大的法蒂玛从积木区的一堆纸箱里拿出积木。她在桌子上玩的时候把一块积木叠在另一块上面。当她把第四块积木放到她的塔上时，塔倒了。法蒂玛的老师玛丽亚说："看，积木在你的脚旁边。"法蒂玛停下来，看了看身体的一侧，捡起了积木。法蒂玛拿起一块大积木，把它放在一块小积木上。大积木倒了。玛丽亚说："哦！大积木从小积木上掉了下来。"法蒂玛把小积木放在大积木的上面。玛丽亚兴奋地回应："看，你把小积木放在大积木的上面，它就不会掉下来了。"

认知联系。法蒂玛正在理解空间关系，即理解大小、形状以及它们如何协同作用。她正在学习如何平衡和安装积木来搭建塔。当她通过经验扩展这个游戏时，她可能会建造出更复杂的结构，如桥梁和围栏（MacDonald，2001）。

智力游戏

一个松饼盘，配上各种小物件，对婴幼儿来说是一个极好的开始。提供一些很容易放进去的物品，或者更复杂一点的刚好能放进去的物品。因为所有的杯子都是一样大的，所以松饼盘游戏能让孩子们有一种成就感。为了让智力游戏具有更大的挑战性，可以在鞋盒的顶部剪下不同大小的圆形或正方形。提供一些物品，比如可回收的大塑料瓶盖、玩具车，或者是刚好能放进剪出来的图形里的衣夹。

教师可以通过创造简单的拼图板来培养孩子的认知能力。制作拼图，需要画画或打印照片，或者从杂志上剪下一张照片。把图片粘在一张纸板或纸盘上，这样拼图就更容易操作，然后把它切成小块，让孩子们重新拼装。

12个月大的拉杰坐在一堆不同大小和形状的东西中间，包括一个塑料杯、一个玩具船和一个罐子盖。他的老师在他面前放了一个松饼盘。拉杰拿起一些东西，把它们放进盘里，再把它们从杯子形状的凹槽里拿出来，同时旋转它们使其恰好取出。他专注于每一件新事物，为每一次成功开心地拍手。

认知联系。拉杰一边摆弄着各种东西，把它们放进松饼盘里，一边思考、解决问题。孩子们接触这些类型的活动时就要学习制订解决方案，这增强了他们解决问题的信心。适用于儿童早期的拼图不会让婴幼儿因精确性受挫，允许他们探索不同的大小和形状，理解大小和进出的概念。随着孩子年龄的增长，教师可以引入多块的拼图。

摇铃

婴儿喜欢制造噪声。教师可以拿一个便于婴幼儿拿着的干净的塑料容器，这样就可以快速地制作美妙的发声玩具。在容器中填满大到不会造成窒息危险的物品，如贝壳或大铃铛。确保有足够的空间让物品在里面自由移动。用厚胶带把盖子封好。

8个月大的马里奥坐在地板上,手里拿着一个装满了破碎蜡笔的小塑料瓶。音乐响起,罗斯玛丽向马里奥靠过去,上下摇晃他的手并唱着:"摇动你的沙球……摇,摇,摇你的沙球。"马里奥微笑着模仿他的老师,摇着瓶子。每次他晃动瓶子,它就会发出更多的声音,激励他继续晃动。

认知联系。马里奥对展示因果关系的活动感兴趣。使用简单的乐器等活动为孩子们提供了一个机会,让他们了解物体是如何运作的,并将自己的行为与结果联系起来,进而引发更强的自我意识和对环境的控制力。

培养儿童认知发展的玩具和活动

玩具	年龄(月)	活动	认知联系
运动物体	0—6	移动的物体会吸引婴幼儿的注意力,刺激他们互动。把安全的物品(如图片或大的松果)系在一根绳子上挂起来,这样孩子们就可以看到它在移动,也可以伸手去拉或拿它。孩子可以仰卧,也可以坐着向前伸手。	因果关系 发现声音和质地 手眼协调
盛有漂浮物的瓶子	6—9	婴儿需要能表现因果关系的玩具。在干净的塑料奶瓶或苏打水瓶里装满水,然后放入贝壳、石头、漂浮的闪光物或其他吸引孩子兴趣的物体。确保瓶口是安全的,特别是在混合年龄班,最好是用通用无毒胶水粘好。孩子们可以摇晃瓶子,听到和看到物品在里面晃动,然后滚动瓶子,鼓励会爬的孩子追逐瓶子。	因果关系 意向性
"敲敲门"游戏	9—12	任何可以移去遮盖物的"惊喜"活动都为孩子们提供了发现和命名的机会。在一张大纸上绘画或粘贴图片。从不同颜色的纸上剪下足够大的矩形来隐藏每张图片。用胶水或胶带粘住一条长边,这样它们就能像门一样"打开"。让孩子们敲门,打开门,找出隐藏的物品。	客体永久性 因果关系 命名

（续表）

玩具	年龄（月）	活动	认知联系
书籍	12—18	对孩子们来说，早期的书籍是一种发现和命名物体的极好的（和有趣的）方式，还能了解到，图片代表着真实的事物。对很小的孩子来说，薄纸书很难操作、也很容易被撕裂。把动物、日常用品或图示图片粘在厚纸板上，然后用胶水或纱线把它们固定起来。为了获得更多的互动体验，可以把图片粘在不同质地的织物或纸张上。	早期读写能力 语言和词汇 预测 以"Wh"开头的问题（谁、什么、何时、何地、为什么）
"我是间谍"望远镜	18—24	几乎任何两端开口的东西都可以成为孩子的"望远镜"。使用纸巾管、空的饼干盒，或只是卷几张纸然后粘在一起。孩子们可以通过望远镜看教室里或院子周围的东西。通过让孩子寻找特定的物品、颜色或类别来不断地变化看到的目标。例如，"你看到绿色的东西了吗？你看到动物了吗？"	分类 识别 语言和词汇 共同注意 视角选择
木偶	24—36	孩子们可以用木偶讲故事和表演自己的想法。用各种各样的材料（如纸、袜子、布等）做手偶，或者用胶水把图片粘在棍子上做手偶。装饰赋予木偶以生命。例如，用马克笔画一张脸，用胶水粘一张杂志上的图片，或者用绳子、纱线装饰木偶。	想象 抽象思维 语言 排序

结论

婴幼儿会根据他们所处的发展阶段从事某些类型的游戏。教师可以通过关注孩子哪方面在发展、他们的兴趣是什么，以及作为教育者希望孩子探索哪些技能，来最大限度地增加培养新技能的机会。当教师意识到特定的认知技能可以通过游戏来练习时，他们可以有意识地选择玩具和活动。随着选择特定玩具和活动的潜在原因越来越清晰，发明无限种玩具的世界就打开了。

作为儿童早期教育的主要载体，玩具是课堂教学的重要组成部分。教师可以很容易地利用在大多数社区里都能找到的廉价材料制作玩具。现成的材料如果使用得当，就可以促进儿童在所有领域的游戏和发展。虽然玩具是促进儿童发展的重要工具，但最重要的是，玩具应当被视为教师用来调动儿童积极性的工具。

为什么婴幼儿最喜欢盒子 *

今天是埃拉的 1 岁生日,她的妈妈很兴奋。她把一个用亮纸包着的礼物放在埃拉面前,只撕掉了纸的一小部分。埃拉接过来,把纸拉出来,在手里揉成一团。一点胶带粘在了她的手指上,她拉扯它;然后,这些胶带又粘住了另一根手指,她又拉了一下。得到帮助后,埃拉终于把盒子上的纸都撕掉了。

埃拉的妈妈打开盒子,拿出里面的音乐大象。她向埃拉展示,当她捏大象的脚时,大象是如何唱 ABC 歌的!埃拉看了看大象,又看了看盒子和纸。她抓起纸,把它揉成一团塞进盒子里,再把盒子倒过来,让纸掉出来。埃拉很高兴,她做了一遍又一遍。与此同时,妈妈正在捏大象的脚,试图让埃拉对真正的玩具感兴趣!

哇,这里发生了什么?为什么埃拉更喜欢包装纸和盒子而不是里面的玩具呢?答案就在埃拉的成长过程中。盒子里的玩具是一维的,虽然对成人来说很可爱也很有趣,但它不像盒子和纸那样能够提供无限的机会,让人可以用各种感官去探索。1 岁的孩子处于皮亚杰所说的感知运动游戏的发展阶段。游戏的感知运动阶段特征是,孩子积极地探索环境中的物体——首先用眼睛,然后用手和嘴。埃拉用生命的第一年来练习这个探索性游戏。

在最初的两个月里,埃拉主要是看玩具,因为她的身体还没有充分发育,无法伸手够取它们。4—6 个月大时,她开始抓住玩具,把它们送到嘴边,一有机会就这么做。事实上,4—6 个月大的婴儿的一个普遍特征

---

* 本文作者是琳达·吉莱斯皮(Linda Gillespie)。

就是看东西、抓东西和把东西拿到嘴边。

6—8个月大时,埃拉的游戏变得更加精细。她的身体能力有了长足的进步,可以用更有意义的方式探索玩具。她学会了把东西从一只手传到另一只手上、把它们翻过来、交给别人、用手指戳它们、抓它们。随着埃拉的成长,她学会了用一件物品换另一件物品;而且因为她更喜欢新奇的东西,所以她经常放弃已经拥有的东西来换取别人提供的东西。与此同时,她开始发展客体永久性,知道一个物体即使在看不见的时候也依然存在。这一发展里程碑的结果是,她能够把毯子拉下来,找到被藏起来的自己最喜欢的玩具。所以,现在12个月大的埃拉最喜欢包装纸和盒子了!

在接下来的六个月里,埃拉将开始对物体进行实验。她把纸揉成一团,纸发出声音,然后当她把纸拆开时会改变它的形状。盒子是她用来填装、倾倒、翻转和"砰"的一声打开的容器。纸和盒子一起为她提供了无限的实验和探索机会。

18—24个月大时,埃拉进入象征性游戏,一个积木会变成一部手机或一辆车。她的游戏将更有目的性,并在其他人旁边进行,有时甚至是与其他人合作完成。埃拉开始能够通过游戏来解决问题,比如把一个立方体放入一个洞中或嵌套杯子里。然后,这就会变成一幢房子或者一顶帽子或者任何她想要的东西。机会就像她的想象力一样无穷无尽!

想一想

看看你照护的孩子是怎么玩的。关于他们的发展情况,他们的游戏告诉了你什么?他们如何探索物体?他们感兴趣的是什么?他们的环境怎么样?地板上是否有安全的地方可以让不会移动或刚会移动的婴儿进行探索?是否有各种各样的材料,而不仅仅是塑料玩具?

试一试

每周为不足 12 个月大的婴儿提供一个新物体让他们去探索。以下是一些建议：

- 制作一篮子物品，特别是那些吸引婴幼儿运用触觉、嗅觉和听觉的物品。包括不同质地的材料，如装有香料的布袋、木制物品、铃铛。
- 提供用于倾倒和填充的容器和各种材料。
- 提供各种不易破损的材料，如塑料制品和不锈钢制品。
- 提供可以打开和关上的容器，比如不同大小的塑料瓶。只要确保东西足够大，不会被孩子吞下，而且放进嘴里是安全的就可以。还有，别忘了盒子！

让我们乱起来
——与婴幼儿一起探索艺术感知活动 *

婴儿庭院里下着小雨,孩子们在外面检查着潮湿的草地和水坑里的水花。阿齐兹(17个月大)捡起一个球,把它扔进泥坑里。他高兴地尖叫着,弯下腰,把球举了起来。他摸了摸泥巴,看着它渗到他的手指上。然后,他把球扔回水坑。接着,他走到附近的架子那里,抓住另一个球,走回来,把那个球也扔到了水坑里。

阿齐兹被自己混乱的发现吸引住了,他继续往泥水里扔球和其他玩具,直到回班的时候。与此同时,其他几个婴儿摇摇晃晃地过来模仿这个游戏。观察到婴儿的兴趣后,第二天,教师在室内的艺术感知区放置了一桶水和一些球,以扩展儿童的探索。

观察过上述场景的访客经常会做出诧异的评论,比如,"你让他们弄得这么乱?"但这些活动在我们的婴幼儿教室里其实很常见。作为婴幼儿教师,我们采取以儿童为中心的、自然发生的方法,这意味着我们观察儿童的游戏,思考他们对学习什么感兴趣,并设计发展适宜性课程来满足和扩展他们的这些兴趣。这种课程开发技巧提供了"让孩子对世界如何运转有更深刻理解的可能性"(Curtis & Carter,1996,52)。我们教室里的兴趣区和户外的游戏场地的活动每周都在变化,尽管这些区域的内容保持不变。当孩子们早上到达的时候,他们会直奔他们最喜欢的地方去看看发生了什么变化。孩子们首选的室内外区域之一是艺术感知区。

我们相信,艺术感知活动是课程的一部分,孩子们通过这些活动发展关键的技能。这一观点得到了"艺术教育合作"(Arts Education Partnership,

---

* 本文作者是特鲁迪·施瓦茨(Trudi Schwarz)和朱莉娅·卢肯比尔(Julia Luckenbill)。

TFCLA & Goldhawk, 1998）和《婴幼儿环境评定量表》（修订版）（*Infant/Toddler Environment Rating Scale—Revised*，ITERS-R，Harms，Cryer，& Clifford, 2007）的支持。我们每天都提供艺术感知活动，给孩子们充足的时间去探索。"孩子们必须探索才能知道。在感官体验和创造力的发展之间存在着直接的联系"（Miller, 1999, 157），这是为什么？史密斯和戈德哈伯（Smith & Goldhaber, 2004）指出，"年幼的孩子在将自己的已有理论融入到从新经验中获得的知识之前，会多次积极地测试自己的理论 [想法]"（18–19）。通过动手游戏，甚至婴儿也在发展基本的理论（图式）来解释他们的世界。换句话说，婴儿在头脑中建构事物运作的概念，然后随着时间的推移通过经验完善它。例如，给婴儿画画的时间会使他们发现，他们在纸上做了标记。随着时间的推移，这种理解变得更加系统化，孩子们能够将新的工具和媒介融入到自己的艺术创作中。

通过艺术感知活动学习和成长

孩子们通过亲身探索材料而受益。他们通过艺术感知游戏为入学准备的"工具箱"增添了许多重要的"工具"。

运动技能的发展

- 戳、砸、掐、挤压、切割、滚动橡皮泥和真正的黏土能够增强手部力量和精细运动技能。
- 拿起一支蜡笔或记号笔涂鸦对未来的写作和绘画技能有帮助。学步儿最初用整个手臂在纸上乱画。通过练习，他们完善这些技能，开始涂画模糊的形状。这些早期经验支持他们设计自己的艺术作品，画出环境中物品，这通常发生在学前教育阶段（Cryer, Harms, & Riley, 2004）。

社会情绪能力

- 在一个透明的画架或一张共享的纸上一起画画，鼓励孩子们一起使用材料，支持亲社会性互动。
- 在水台边并排玩水可以教会学步儿分享空间，引导他们谈论其他孩子的感受（例如，如果孩子不想被弄湿）。

参与艺术感知游戏有助于支持儿童发展新技能，观察儿童的游戏有助于教师获得有关儿童发展的重要信息。

在本文中，我们分享了我们学校开展婴幼儿艺术感知活动的经验。我们从计划课程时要考虑的问题以及有关寻找物美价廉的材料的想法开始。最后，我们分享了一些我们课堂上的例子，并为你们提供了一些建议。

计划课程

参观我们最小年龄班教室的人常常惊讶地发现，我们每天都有艺术感知活动，就像幼儿园一样。然而，为幼儿园儿童设计艺术感知活动和为婴幼儿设计活动之间存在本质的区别。以下是在计划艺术感知活动时需要考虑的一些事情。

鼓励实验

婴儿喜欢用他们的感官来学习，而且往往用嘴。在设计活动时，最好牢记这一点。婴儿喜欢逐步探索艺术材料的质地、气味、味道、观感和声音。他们在使用材料的时候经常很混乱（例如，爬过颜料）。项目必须使用耐洗、无毒、不含小部件的材料。活动应该是开放式的，这样孩子们就有时间和空间来建构对材料及其属性的理解。然后，留出足够的时间进行游戏和清理。

> 活动应该是开放式的，这样孩子们就有时间和空间来建构对材料及其属性的理解。

一些成人担心，婴幼儿可能会食用艺术材料。虽然我们不鼓励这种行为，但我们理解，品尝材料是孩子探索过程的一部分。我们发现，在尝了一小块之后，孩子们意识到这些材料并不好吃，然后教师可以把它们重新定向到一个更合适的用途。例如，当一个婴儿把一只涂满颜料（无毒的）的手指放进嘴里后，照护者可以说："味道不太好。你可以把颜料涂在纸上。"如果你发现婴儿吃了大量的自制橡皮泥，那就改用商业制作的橡皮泥或无盐配方的橡皮泥，因为过量的盐对孩子有害。

关于文化敏感性

在某些文化中，将食物作为一种艺术材料是令人不快的，尤其是米饭。避免这种活动，因为你不能确定谁会因为浪费食物而生气。毕竟，孩子或他们的大家庭是否经历过粮食短缺并不总是显而易见的（Derman-Sparks & Olsen Edwards，2010）。我们发现，在感官桌上，鸟食是一种不错的无毒替代品，而鱼缸里的砂砾与用来粘在拼贴画上的豆子效果一样好。

监督探索

当婴儿成长为学步儿时，他们将更有目的性地使用材料。他们不太可能吃艺术材料，尽管他们仍然可以通过品尝来进行实验。学步儿不懂体积守恒。他们会挤压胶水瓶直到它空了，或者把盐瓶里所有的彩沙都摇出来，然后要更多的彩沙。他们不仅通过装饰纸张、桌子，还通过装饰自己来探索颜料的性质。学步儿的探索需要照护者的密切监督和足够的空间。

确认过程

婴幼儿是过程导向的,而不是结果导向的。对他们来说,把棉球放在小羊形状的模具上,不如手指画更令人满足。在图画书上涂色不如玩橡皮泥有趣。婴幼儿想在颜料覆盖他们的手指时感受它,在有香味的橡皮泥中闻到薄荷的气味,在桌子上的小桶中品尝罗勒叶的味道。

使用不同文化的材料

对所有活动使用反偏见方法。展现孩子的文化和背景的材料传递了一个信息,即教室里的每个人都是有价值的(Derman-Sparks & Olsen Edwards,2010)。例如,同时提供棕色、褐色以及粉红色的橡皮泥,提供练习筷而不是塑料刀来探索橡皮泥。请家长捐赠反映自己文化背景的材料,如用于拼贴的折纸或包装纸。你越把这些家庭记在心里,你所在的项目就会越包容,越受欢迎。

为特殊需要做出调整

艺术感知活动必须对你所照护的所有孩子开放,并涉及一系列的技能和能力。这可能意味着要为有特殊需要的儿童做出调整。例如,你可以为行动不便的儿童或不能站到桌边的儿童直接把材料放在地板上,为有精细运动障碍的儿童提供超大手柄的画笔。在制作它们时,可以在刷子的手柄上缠绕自粘型保护膜,使儿童更容易抓握。

为感官回避者调整活动

气质的差异会影响每个孩子对艺术感知材料的反应。例如,一些孩子喜欢黏糊糊的湿颜料粘在手上的感觉,而另一些孩子不喜欢这种黏糊糊的活动。如果孩子回避感官体验,你可以通过调整黏性和胶粘活动来让他们参与进来。例如,在手指画中加入刷子,或者使用欧不裂(一种玉米淀粉和水的混合物）杯子，这样孩子们就可以按照自己的节奏，以他们觉得合适的方式来探索材料。当感官回避的儿童被教师以尊重他们独特气质的方式给予艺术材料时，他们可能会在慢慢熟悉材质的过程中觉得触摸材料愈发舒适。对所有的孩子来说，玩手指画、泡泡水和其他感官材料是健康的"感官饮食"的一部分。参与这些活动可以帮助有感觉加工障碍的儿童（以及没有障碍的儿童）更容易地理解环境（Arnwine，2007，4）。

> 一些孩子喜欢黏糊糊的湿颜料粘在手上的感觉，而另一些孩子不喜欢这种黏糊糊的活动。

展示孩子们的艺术作品

在孩子们的视线高度展示他们的艺术作品。这使他们能够欣赏自己的创作，感到自己是教室的主人。家长也希望看到自己孩子的作品受到重视。除了展示拼贴画和绘画外，也要展示三维艺术作品，如橡皮泥作品。儿童艺术展示在美国幼儿教育协会认证标准中是高质量课堂的一个评价指标，在《婴幼儿环境评定量表》（修订版）和《托幼机构环境评量表》（修订版）（*Early Childhood Environment Rating Scale—Revised*，ECERS-R）中都是用来评估儿童早期学习环境质量的工具（Harms, Clifford, & Cryer, 2005; Harms, Cryer, & Clifford, 2007）。

婴儿教室中的艺术感知活动

为了避免混乱的过渡，为年幼的孩子们计划活动是明智的。教师根据自己对孩子兴趣的观察来设计课程，有助于扩展孩子的学习经验。下面是我们婴儿教室的一个例子。

选择活动

吃点心的时候，我们注意到，11个月大的艾丽斯把红薯涂在了桌子上，并目不转睛地盯着红薯的颜色。其他的婴儿也在吃东西的时候蹭到了他们的食物。显然，婴儿对色彩的扩散很感兴趣，于是我们认为手指画会是一个很好的延伸活动。

设计活动

我们决定在艺术感知区引入无毒泡沫颜料。我们把颜料放在地板上的一个矮箱子里，把抹布放在靠近颜料的一张桌子上。

实施活动

第一天，几个婴儿爬着或摇晃着走向颜料箱。有些孩子把手伸进去，抓到并蹭到了颜料。另一些孩子则用手指轻轻地戳它，或者避开它。接下来的几天里，我们进行了示范，告诉他们触摸颜料是安全的。在这一周里，我们看到更多的婴儿加入了进来。

改变活动

针对孩子们对活动的初步反应，我们计划了以下扩展活动：

1. 我们添加了一端是圆形的画笔（比如剃须刷），让婴儿在不弄脏手指的情况下接触颜料。教师允许孩子们探索材料，示范如何使用画笔，但不强制要求婴儿尝试。
2. 接下来的一周，我们观察到婴儿仍然对绘画感兴趣。我们对这个活动进行了一点小小的改动，用指画颜料代替了泡沫颜料。指画颜料比泡沫颜料更滑。婴儿们继续摆弄着颜料。
3. 我们注意到，当我们把婴儿手上的颜料洗掉时，他们喜欢泡沫和水。我们把颜料换成了肥皂水。更多的婴儿参与了这项探索——

溅起水花，往水里倒东西，甚至爬进去。孩子们在室内外都参加了这项活动。

4. 我们决定探索欧不裂。欧不裂看起来很像颜料，而且含有水，但它的表现与这两种物质都不同。婴儿最初对这种物质犹豫不决。他们逐渐加入，特别是在塑料杯被引入之后，这样他们就可以在不接触物质的情况下检查物质，如果他们更愿意这样探索。

婴幼儿的感官与艺术活动

无毒的材料	放置在材料上或材料中的无毒物品	表面	工具	年龄和备注
蛋彩颜料、泡沫颜料、指画颜料	彩沙和液体肥皂	纸、有机玻璃、木材、硬纸板类、自然物品、身体部位、泡沫包装	画笔、图章、海绵、塑料汽车、塑料球	婴儿和学步儿
水彩固体颜料或液体颜料	无	纸、咖啡过滤器	水、刷子、液体水彩瓶	学步儿
接触印相纸	彩沙、普通沙、自然材料、纸屑、杂志图片、照片、回收包装纸、管道清洁器、纸巾	桌子或地板	透明胶带或类似的可以粘在桌子上的贴纸	婴儿和学步儿
贴纸、胶带	无	纸或皮肤	无	婴儿和学步儿
图画用纸、硬纸板、纸巾、报纸、厚纸等	无	可用作表面的纸	可用于粘纸或材料进行装饰的胶带	婴儿和学步儿。把纸揉皱、撕破；爬进装有皱纸的盒子里；做纸团。
胶水	无	放着装有拼贴画的托盘、纸或硬纸板的桌子	胶水瓶	学步儿

（续表）

无毒的材料	放置在材料上或材料中的无毒物品	表面	工具	年龄和备注
购买或自制的橡皮泥。（注意：由于橡皮泥含盐量高，限制儿童食用的数量，或制作无盐的橡皮泥，或购买商场里的橡皮泥。）	彩沙；液态水彩、食物色素或提取物（如香草或薄荷）；管道清洁器；冰棍棒；树叶、树枝、贝壳等	放有托盘可以定义每个孩子的空间的桌子，如果有一群婴儿分享橡皮泥，可以放一个箱子	饼干刀、切割工具、烘焙工具、陶瓷工具、玉米饼压榨机、大蒜压榨机、作为道具的塑料玩具	婴儿和学步儿
天然黏土	管道清洁器、冰棒棍、无毒的树枝；如果黏土是干的就浇水	桌子或垃圾箱、托盘可选	见上	婴儿和学步儿。用完黏土后要清理干净，防止灰尘积聚。
水	液体水彩或食用色素、肥皂、大冰块（但当它们变小时拿走）、玉米淀粉（欧不裂）、羊毛	放在桌子上或桌子外的垃圾桶、附在地板上的毛巾	杯子、漏斗、浴室玩具、量杯、打蛋器、能下沉和漂浮的物品、儿童眼药水	婴儿和学步儿
鸟食、沙、土壤	藏在材料下面的玩具、贝壳、沙子、土壤中的水	为减少混乱，在室内外放置的垃圾箱、水桌	容器、砂磨机、塑料车辆或动物、各种规格的管道、塑料烧杯	婴儿和学步儿
无毒叶、松果、种子、花	水、土壤、黏土	桌子、垃圾桶、外面堆着的东西	剪刀（学步儿专用）	婴儿和学步儿
墨水/点打印机	无	专门放纸或厚纸的桌子（如果这是一件公共艺术品）、贴着厚纸的墙	印台用图章。这两个年龄阶段的孩子都更喜欢用手。	婴儿和学步儿

（续表）

无毒的材料	放置在材料上或材料中的无毒物品	表面	工具	年龄和备注
蜡笔、彩色铅笔、马克笔、无毒油画棒、粉笔	无	专门放纸或厚纸的桌子（如果这是一件公共艺术品）、贴着厚纸的墙	无	年龄较大的婴幼儿。在室外或通风处使用粉笔，以防止粉尘积聚。
织物	无	可以与其他材料（如泡沫包装纸）连接成一个"感官毯"，让小婴儿爬过去。大一点的孩子可以在桌子上用它来制作拼贴画。	剪刀（学步儿专用）	婴儿和学步儿。为学步儿引入开放式表演游戏和舞蹈。

做记录

为了与家长及更多的人分享孩子们的探索经历，我们在教室的摄影随笔"婴儿教室里的冒险"中记录了每一个婴儿的艺术感知活动。这些摄影随笔能帮助家长和照护者回顾婴幼儿的学习。它也帮助捕获了基于过程的活动范围，并为如何在家中进行这些活动做了示范。以下是欧不裂活动的节选：

朱莉娅正在观察利奥（15个月大）和欧不裂。她注意到，他为了避免直接接触许多感官材料，从而用毛巾、杯子或刷子来接触它们。当利奥进入活动时，她放了个杯子。接下来，她看到利奥在摸杯子。她知道，他喜欢慢慢地进入游戏。

朱莉娅注意到，利奥的目光从杯子转移到了欧不裂上。他轻轻地碰了碰欧不裂，手指缩回来时是干净的，但是有点湿。她用平行说话法进行回应，这是一种教师大声描述孩子们在做什么的教学技巧，以便与他们建立联系，扩展他们的想法。朱莉娅说："你摸了它一下，现在你的手指湿了。欧不裂是湿的。"她模仿了他的动作。利奥把杯子自下而上地推回到欧不裂里。朱莉娅说："如果你想拿起欧不裂，你可以用这个杯子。"她在自己的杯子里装满欧不裂，以此做示范。她倒出了欧不裂。"它出来得很慢，"她评论道，"你想试试吗？"利奥伸出手，握住她的杯子，把欧不裂倒了出来。

欧不裂掉在水坑里。现在，利奥似乎对这种物质很满意。他捧起一把，又掐又挤，又放回杯子里。朱莉娅仍然注意着他，继续为他的游戏提供便利，把欧不裂放进杯子里，让他继续倒出来。她描述着欧不裂的运动——它移动得很慢——她还描述了利奥是如何捏住欧不裂把它捡起来的。她再次后退，让他在探索中感到自主。

学步儿教室中的艺术感知活动

我们使用相同的技术来设计和扩展婴儿和学步儿的课程。以下是为大一点的孩子设计的一个课程案例。

选择活动

在学步儿教室里，橡皮泥备受追捧。每天，孩子们会喊着要它，我们把托盘放在桌子上，他们就围在托盘周围，伸手拿橡皮泥和工具。我们提供了饼干刀、黄油刀、比萨刀和擀面杖。我们注意到，几个学步儿把橡皮泥球放在黄油刀上，并宣称它们是"冰棒"。

当我们谈论"艺术"时

当我们在这里使用"艺术"这一词语时,我们是在讨论产生成品的活动,如纸上的一幅画。而这里所说的"感知"一词指的是没有最终成品的活动,比如双手在一箱鸟食中穿梭。艺术活动是基于感知的,感知活动也可以被认为是艺术。在本文中,我们可以交换使用这两个词语。

设计并实施活动

我们拿出一系列材料,从冰棒棍和管道清洁器到羽毛和树叶,然后观察孩子们做了什么和制作了什么。他们兴奋地往橡皮泥上加东西,从而做了许多"生日蛋糕"。他们非常乐于对自己、同伴和照护者唱《生日快乐》(*Happy Birthday*)。

艺术感知材料的来源

商业流通的材料:蛋彩画颜料、泡沫颜料、水彩颜料、胶水、冰棒棍、彩沙、纸、接触印相纸、胶带、印台和图章、鸟食、羽毛、肥皂、海绵。

能在旧货店找到的材料:杯子和漏斗、能用于剪裁制作拼贴画的杂志、厨房用具。

无毒的自然材料(在儿童把它们放进嘴里前,按你所在州许可的比例进行漂白):稻草、无毒的叶子和种子、花朵和树枝、羊毛、贝壳、石头、葫芦、松果、沙子、泥土。

使用这些材料有益于孩子,例如,处理无毒松果和垃圾箱里的叶子有助于鼓励孩子热爱大自然,调动孩子的所有感官(White & Stoecklin,2008)。

在家里或教室里发现的材料:纸巾/卫生纸卷、酸奶瓶、塑料水瓶、再生纸、报纸、各种大小的硬纸盒、鸡蛋盒、罐头瓶盖、水、做抹布的旧毛巾。

> **从无到有的材料**：橡皮泥、手指画、欧不裂、"清洁泥"、彩色盐/彩沙。网上和图书馆里有很多这些东西的配方。

改变活动

针对孩子们对活动的初步反应,我们计划了以下扩展活动:

1. 注意到孩子们对蛋糕的兴趣,我们开了一家"面包店"。我们投放了棕色的橡皮泥、生日蜡烛、打蛋器、量杯、纸杯蛋糕盒和包装纸、盛满盐的摇瓶以及其他烘焙工具。学步儿们也加入进来,做了更多的蛋糕和纸杯蛋糕。他们对盐瓶特别感兴趣,有时会在轮流使用时发生冲突。

2. 我们决定做盐瓶艺术。我们在小胶水瓶里装了大约一汤匙的胶水,然后在托盘上放了图画纸,期待着出现胶水坑。我们在几个回收的香料瓶里装上彩沙,用胶带封住一些洞,让沙子慢慢地流出来。孩子们用胶水做了几个"小湖",把所有的沙子摇成五颜六色的一堆。我们铲走了多余的沙子,重新装满香料瓶,并重复这个过程。学步儿不知道是胶水把沙子粘在一起的,也不知道用太多的胶水会导致沙子掉下来,但他们喜欢这个过程。正如预期的那样,这是一个发展适宜的结果。虽然这个年龄的孩子用胶水很不小心,但他们确实喜欢排空、挤压和制造混乱的活动。

3. 我们注意到,学步儿们喜欢用胶水坑做颜料,于是就往瓶子里的胶水里加了食用色素。

4. 学步儿们使用摇瓶根本停不下来——这太有趣了!我们把户外活动带到沙箱旁边的表演游戏台。在这里,学步儿们可以在不让教室变咸或沙子遍布的情况下,用填满的摇瓶弄出一片混乱。他们也可以用沙子来填充摇瓶。我们知道,孩子们会用沙子"破坏"橡皮泥,但我们认为这是过程中的一部分,从而接受它。这个活动包括最初的橡皮泥和配件、填满各种物质的盐瓶、有和没有食用色素的胶水。

做记录

为了与家长、访客分享孩子们的探索经历，我们将每个孩子在教室里的艺术感知活动都记录在摄影随笔"学步儿教室里的冒险"中。以下是胶水和沙子活动的节选：

我们介绍用胶水和沙子进行绘画。这是上周面包店项目的直接延伸。我们注意到，学步儿喜欢使用摇瓶，喜欢用沙子装饰。

彼得正在用双手从瓶子里挤出彩色胶水。他把沙子放在胶水前，这表明他不知道胶水会把沙子粘在纸上，但他正在测试纸上两种材料的性能。

安迪和朱正在进行一个类似的过程，在没有成人告诉他们如何使用的情况下测试材料。他们在操作工具的过程中发展出了强大的精细运动技能。

结论

我们发现，婴幼儿教室里的艺术感知探索活动是我们提供的最令人兴奋的活动之一。计划周密的活动，包括探索的时间和管束（或者至少是控制）混乱的方法，可以让每个人放松并享受这个过程。我们鼓励你在项目中与婴幼儿一起尝试艺术感知活动。没有什么比看着一个孩子意识到自己在纸上留下了一个标记，或者看着一个学步儿发现蓝色和红色混合在一起会变成紫色更棒的了。虽然与婴幼儿进行艺术探索势必会给照护者带来更多工作，但它们对婴幼儿的发展与学习有着强大的积极影响。

更多、全没了、空的、满的：
数学每天都在以各种方式说话 *

威尔给8个月大的马娅喂食。他停顿了片刻，马娅示意"再来点"。威尔笑着说："你想要更多吗？好的，来了！"他继续喂她，当碗空了的时候，威尔一边说一边用手势表示："全没了。马娅吃光了她的食物。全都没了。"马娅看着他，笑了。

我们知道，数学概念和能力的发展始于生命的最初几年。事实上，从孩子们出生的那一刻起，他们就开始在日常生活、活动，最重要的是与值得信任的成人的关爱互动中建构数学概念。这些互动的一个关键方面涉及语言——我们如何与婴幼儿谈论数学。这比你想象得要容易。你谈论数学的时刻可能比你意识到的更多！了解早期的数学概念有助于你在日常生活和与婴幼儿的互动中更加深思熟虑地使用这些概念。

数学在哪里

数学无处不在！数学是"描述世界的一种方式——一种思考、认知和解决问题的方式"（VECDAP，2008，83）。你可能一直都在使用数学和数学语言，但却没有意识到。例如，当你洗衣服并根据颜色分类时，你使用了排序和分类的数学概念；当你在体育比赛中记分，解释你的队伍领先或落后多少（计数和运算），或给某人口头指示从一个地方到另一个地方（空间关系）时，你也在使用数学概念。作为一名教师或照护者，你可能会玩或唱一些使用数字和计算的游戏或歌曲，会使用比较词，如"大"和"小"（测量），并解释日常活动和经历的顺序（模式）。在开篇的

---

* 本文作者是简·格林伯格（Jan Greenberg）。

案例中，威尔通过喂马娅更多的食物建立了她有关"更多"的概念。他还引入了一个新的数学概念，即"全没了"。数学就在我们身边，数学语言将其引出并使其为人所了解。

婴幼儿是天生的数学家。即使没有成人的支持，我们也能看到婴幼儿使用数学概念来理解他们的世界。例如，婴儿像马娅一样发出信号，表示他们想要更多的食物。"更多"是儿童最早建构的数学概念之一（Ginsburg，Lee，& Boyd，2008）。他们经常明显地告诉我们，他们知道熟悉的和不熟悉的成人之间的区别（分类）。他们也会爬进不同大小的箱子（空间关系），重复你大声朗读的故事中的单词或你唱的歌曲（模式）（Greenberg & Bickart，2008）。教师和其他照护者的一个重要作用是，使日常生活中出现的数学对孩子而言变得具体、可见。这是通过数学语言完成的。

数学的组成

认知和谈论数学的一种方法是知道数学包括什么。以下是对数学的五个组成部分的简要描述，以及相应的例子（Greenberg & Bickart，2008；VECDAP，2008）。

数字和操作

理解数字、数量、顺序的概念，以及表示数字的方法、一一对应和计数。

- 你有两只眼睛，你的熊也是。让我们数一数：1，2。
- 我有比你更多的饼干。看，我有三个，你有两个。我要吃一个。现在我和你一样多了！
- 这是我第三次听到你说"妈妈"了。你已经说了三次"妈妈"了！

形状和空间关系（几何）

根据物体的几何外观进行识别、命名、比较和对比；了解自我和目标对象之间的物理关系、同一个环境中的两个或多个对象之间的物理关系（例如，方向和位置）。

- 看，贾森从下面爬了过去，阿莉娅在上面！
- 你坐在卡洛斯旁边。
- 我们今天吃的饼干有些是方的，有些是圆的。

测量

明确大小、重量、数量、体积和时间等特性，使用适当的工具做到这一点。

- 移动那个凳子很难，因为它很沉。
- 你今天打了个很长的盹儿！
- 让我们数一下到达操场需要走多少步。

模式、关系和变化（构建代数模块）

识别（看到构成模式的关系）并创造事物、事件、颜色、线条、质地和声音的重复；理解事物随时间而变化，且这种变化可以用数学词汇进行描述。

- 马库斯的衬衫上有条纹——白色、蓝色、白色、蓝色、白色、蓝色。
- 我把积木放进桶里，你把它们倒出来。我把积木放回桶里，你把它们倒出来！
- 我们的植物今天看起来更高了，我认为它是一夜之间长大的。

收集和组织信息（数据收集与分析）

收集、整理、分类和分析信息，以帮助婴幼儿理解环境中正在发生的事情。

- 你把大盖子放在大壶上，小盖子放在小壶上。
- 当妈妈给你唱歌时，你总是微笑！
- 让我们把娃娃放进篮子里，把球放进盒子里。

让家长参与进来

家长在帮助婴幼儿学习数学方面起着重要的作用。他们是孩子的启蒙老师。当你越发意识到并且整天都有意识地谈论数学时，与家长分享你的知识，问问他们在家里看到了什么数学现象。

如果需要，帮助他们在日常生活和经历中发现与孩子谈论数学的机会。例如，换尿布、吃饭和洗澡的时间，在附近散步的时间，购物的时间都是计算、指出形状和大小、谈论模式、描述事物异同的理想时间。鼓励家长使用他们的母语。当家长用母语说话时，他们加强了自己与孩子的关系，并且更有可能使用丰富的描述性词汇进行有意义的对话（OHS，2008）。

整合起来

数学就在我们身边。在一天中，有无数的机会让孩子们听到新的数学词汇，加深他们对数学概念的理解。我们越多地谈论数学，越多地与婴幼儿分享我们关于数学学习的乐趣，他们就越有可能形成对数学学习和一般学习的积极态度。

想一想
- 反思你的一日常规和活动。发现其中与数学相关的内容、技能和语言。
- 反思自己对数学的感觉。

最后一点尤其重要。如果你的数学学习经历不是很好,你就可能会无意中忽视孩子的数学学习。在这种情况下,你不得不付出更多的努力,以确保为孩子们提供许多探索数学的机会。

试一试
- 在你所在的项目的一日常规和活动中发现可以利用的数学交谈机会。
- 观察一位配班教师或同事一段时间,注意他什么时候使用数学语言以及他用了什么词汇。然后让他观察你,这样你就会知道你做了什么,你还可以改进什么。
- 列一个数学单词和短语的清单。将其中一些张贴在墙上,以帮助你注意使用数学语言的时机。轮换单词和短语,以保持新鲜。
- 计划一种方法,与同事、家长分享你学到的数学语言和游戏,从而学习更多的数学语言和策略!

"全没了、更多、空的、满的"以及更多数学词汇将丰富婴幼儿所享有的每日数学经验。你会惊讶于他们知道并且可以学习这么多。你今天使用的数学语言可以帮助你照护的孩子长大后在数学方面取得成功做好准备。

参 考 文 献 *

Abbott, L., & A. Langston, eds. 2005. *Birth to Three Matters: Supporting the Framework of Effective Practice*. London: Open University Press.

Arnwine, B. 2007. *Starting Sensory Integration Therapy: Fun Activities That Won't Destroy Your Home or Classroom*. Arlington, TX: Future Horizons.

Aronson, S.S. 2002. *Model Child Care Health Policies*. 4th ed. Elk Grove Village, IL: American Academy of Pediatrics.

Aronson, S.S., ed. 2012. *Healthy Young Children: A Manual for Programs*. 5th ed. Washington, DC: NAEYC.

August, D., & T. Shanahan, eds. 2006. *Developing Literacy in Second-Language Learners. Report of the National Literacy Panel on Language-Minority Children and Youth*. Mahwah, NJ: Erlbaum.

Berk, L.E. 2012. *Child Development*. 9th ed. Upper Saddle River, NJ: Pearson.

Blum, L. 1987. "Particularity and Responsiveness." Chap. 7 in *The Emergence of Morality in Young Children,* eds. J. Kagan & S. Lamb, 306–37. Chicago: University of Chicago Press.

---

* 为了环保，也为了节省您的购书开支，本书参考文献不在此一一列出。如果您需要完整的参考文献，请通过电子邮箱 1012305542@qq.com 联系下载，或者登录 www.wqedu.com 下载。您在下载中遇到问题，可拨打 010-65181109 咨询。